# Die Frankfurter Judengasse

Herausgegeben von Fritz Backhaus, Raphael Gross,
Sabine Kößling und Mirjam Wenzel

MUSEUM JUDENGASSE FRANKFURT MAIN

# Die Frankfurter Judengasse

Katalog zur Dauerausstellung des Jüdischen Museums Frankfurt

Geschichte
Politik
Kultur

C.H.BECK

Mit 81 Abbildungen

Originalausgabe

Layout, Gestaltung und Satz:
surface Gesellschaft für Gestaltung mbH (Markus Weisbeck, Victor Kassis), Frankfurt
Druck und Bindung: Appl, Wemding
Gedruckt auf säurefreiem, alterungsbeständigem Papier
(hergestellt aus chlorfrei gebleichtem Zellstoff)
Umschlagabbildung: Chanukka-Leuchter von Rötger Herfurth, Jüdisches Museum Frankfurt
Umschlaggestaltung: surface Gesellschaft für Gestaltung mbH, Frankfurt
Printed in Germany
ISBN 978 3 406 68987 1
*www.chbeck.de*

# Inhaltsverzeichnis

# Vorwort

Felix Semmelroth

Das Jüdische Museum Frankfurt wurde 1988 in einem ehemaligen Palais der Familie Rothschild eröffnet. Es war damit das erste Jüdische Museum, das in Deutschland nach dem Holocaust eine umfassende Darstellung jüdischer Geschichte und Kultur entwickelte. 1992 kam als Dependance das Museum Judengasse hinzu, in dessen Mittelpunkt die 1987 freigelegten archäologischen Zeugnisse aus der Frühen Neuzeit stehen. Magistrat und Stadtverordnetenversammlung der Stadt Frankfurt haben 2015 beschlossen, das Jüdische Museum im Rothschildpalais durch einen Neubau zu erweitern. Damit verknüpft ist auch die Neugestaltung des Museums Judengasse, das künftig stärker mit dem benachbarten, in das Mittelalter zurückreichenden Friedhof und der Gedenkstätte für die aus Frankfurt deportierten und ermordeten Jüdinnen und Juden verbunden sein wird. Am Börneplatz entsteht so ein historisches Ensemble, das die Auseinandersetzung mit der jüdischen Geschichte unserer Stadt auf besondere Weise ermöglichen wird.

Die Neugestaltung des Museums Judengasse konzentriert sich auf die Darstellung jüdischen Lebens im Frankfurt der Frühen Neuzeit. Sie entwickelt eine neue Sicht auf Geschichte und Kultur der Frankfurter Juden und zeigt, wie sehr die Stadt über Jahrhunderte hinweg von ihren jüdischen Einwohnern geprägt wurde.

Ausgehend von den archäologischen Zeugnissen präsentiert das Museum Judengasse Geschichte und Kultur der Frankfurter Juden bis zum Ende des Ghettos um 1800. Die neue Dauerausstellung im renovierten und erweiterten Rothschildpalais wird hingegen die Zeit von der Emanzipation bis zur Gegenwart thematisieren und eine interessante Neuinterpretation anbieten, in der Geschichte und Kultur der Frankfurter Juden als integraler Bestandteil der Stadtgeschichte und in ihrer europäischen Bedeutung erfahrbar werden.

Prof. Dr. Felix Semmelroth
Dezernent für Kultur und Wissenschaft der Stadt Frankfurt am Main

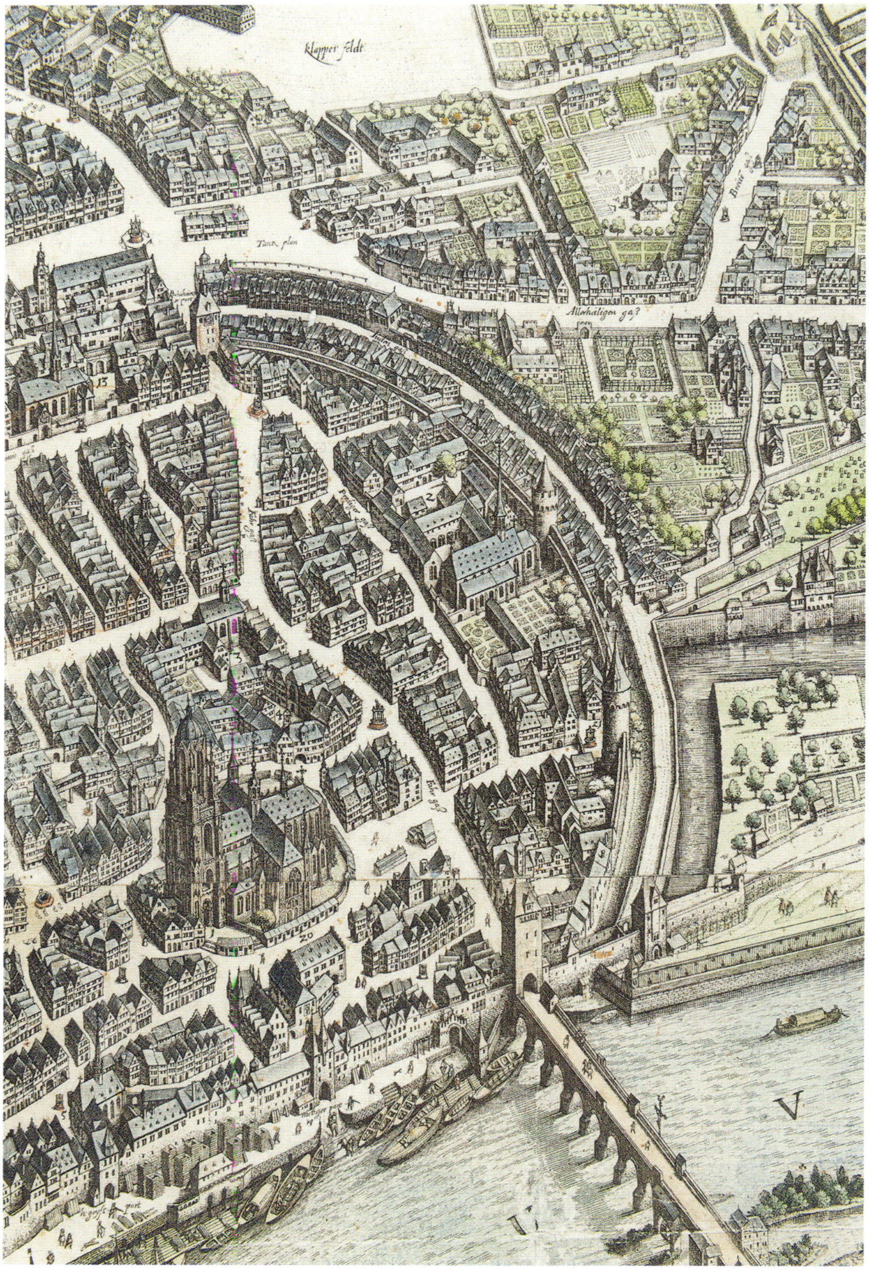

Stadtplan von Frankfurt am Main (Ausschnitt)
Matthäus Merian d. J. (1621–1687)
Frankfurt am Main, 1682, Kupferstich
Historisches Museum Frankfurt

# Einleitung

Fritz Backhaus, Raphael Gross, Sabine Kößling, Mirjam Wenzel

1462 mussten die Frankfurter Juden ihre Wohnsitze und ihre Synagoge aufgeben und in eine neu angelegte Gasse im Randbereich der Stadt umziehen. Von Mauern umgeben und mit drei Toren versehen, die über Nacht und während der christlichen Feiertage geschlossen wurden, entstand hier ein Zwangswohnbezirk für Juden, das erste Ghetto in Europa. Ursprünglich von 150 bis 200 Personen bewohnt, erlebte die Judengasse im 16. Jahrhundert einen erheblichen Bevölkerungszuwachs. Die Zahl der Bewohner stieg auf ca. 2700 an. Frankfurt wurde zu einem der bedeutendsten Zentren jüdischen Lebens in Europa.

Anfang des 18. Jahrhunderts besuchte Abraham Levie aus Amsterdam auf seiner Reise durch Deutschland auch Frankfurt: „In Frankfurt bin ich in die Judengasse gekommen und habe mich über die hohen Häuser gewundert mitsamt den zwei schönen Schulen [Synagogen], welche sehr stark aus Stein gewölbt und mit hohen Fenstern und köstlichem Zierrat von Kupfer geschmückt sind ... Die Juden sind überall sehr bekannt für ihren großen Eifer im Studium, so dass sich hier sehr viele fremde jüdische Studenten aus ganz Deutschland und auch aus Polen befinden und hierher kommen, um Unterricht bei den hochgelehrten [Rabbinern] zu nehmen. Ansonsten, was die Stadt Frankfurt betrifft, sie ist groß und schön gebaut.“[1]

Abraham Levie war offensichtlich tief beeindruckt von der Frankfurter Judengasse: Die Größe der Gemeinde mit über 3000 Personen, die hohen Häuser der Gasse, der reiche Schmuck der Synagoge, die große Zahl berühmter Gelehrter mit ihren Studenten aus ganz Deutschland und sogar aus Polen – die jüdische Welt der Frühen Neuzeit erfuhr hier eine ganz eigene Verdichtung. In der Stadt beeindruckte den Reisenden besonders die Brücke über den Main, geschützt von einem mächtigen Wachturm. An dessen Spitze entdeckt Levie vier aufgespießte Köpfe, darunter den von Vinzenz Fettmilch. Er hatte 1614 den Überfall auf die Judengasse angeführt und für die kurzzeitige Vertreibung der Juden gesorgt. Für den jüdischen Besucher der Stadt waren seine Hinrichtung und die demonstrativ ausgestellten Köpfe ein Monument der Gerechtigkeit.

Auch für die christlichen Reisenden, die Frankfurt im 17. und 18. Jahrhundert besuchten, war die Judengasse eine Sehenswürdigkeit besonderer Art. Dies zeigt sich unter anderem in dem 1777 veröffentlichten Reisebericht des brandenburgischen Hofrats Andreas Mayer.[2] Er fand dort „einen kleinen Bezirk, den der ungeheure Schwarm der armen Abrahamskinder in Frankfurt bewohnt", eine „überaus enge, voller Koth und Unflat angefüllte Gasse", die er der eigenen Schilderung zufolge nur nach „viel Überwindung" betrat, um „aus bloßer Neugier eine Art Menschen in ihren Nestern aufzusuchen", die „wie das Ungeziefer in ihren stinkenden Behältnissen herumkriechen". Mayers Wortwahl ist charakteristisch für die meisten christlichen Autoren, denen weniger die Beobachtungen vor Ort als vielmehr antijüdische Ressentiments die Feder führten.

Die verschiedenen Berichte verdeutlichen, dass die Judengasse von Reisenden in der Frühen Neuzeit sehr unterschiedlich wahrgenommen wurde. Im Zuge der europäischen Aufklärung entwickelte sich schließlich eine neue Perspektive: Das Frankfurter Ghetto, welches während der Belagerung der Stadt durch die französischen Truppen Napoleons 1796 in Brand geriet und nicht wieder aufgebaut wurde, galt fortan als abschreckendes Beispiel für die Folgen von Diskriminierung und Ausgrenzung. In der beinahe ein Jahrhundert später verfassten Kurzgeschichte „Noah's Ark" des Schriftstellers und Journalisten Israel Zangwill dient die Schilderung des dunklen, von antijüdischen Übergriffen gezeichneten Lebens in der Judengasse etwa als Hintergrund, der die Emigration des Protagonisten in die USA motiviert. Pogrome gegen Juden spielen auch in Heines historischem Roman „Der Rabbi von Bacharach" eine zentrale Rolle, der 1840 als Fragment erschien. Im Unterschied zu Zangwills Erzählung aber finden sie in Heines Roman vor allem auf dem Land und in der Nähe des Rheins statt, von wo der Protagonist in die Frankfurter Judengasse flieht. Der unvollendete Roman rückt die jüdische Welt der Judengasse zwar in ein durchaus ambivalentes Licht, unterstreicht jedoch ihre Bedeutung in der jüdischen Kulturgeschichte. Die beiden Erzählungen verdeutlichen, dass der literarische Blick auf die Judengasse im Verlauf des 19. Jahrhunderts durchaus vielfältig und widersprüchlich war. Im Rückblick geriet die Gasse in Literatur und Kunst gelegentlich auch zu einem Ort verklärter jüdischer Vergangenheit. Berühmtestes und weit verbreitetes Beispiel waren die „Bilder aus dem altjüdischen Familienleben“, in denen der Frankfurter Maler Moritz Daniel Oppenheim die Frankfurter Judengasse zum Schauplatz eines idyllisch wirkenden, von Festen und familiärem Zusammenhalt geprägten Lebens machte. In der orthodoxen Zeitung „Jeschurun“ hieß es 1884 sogar: „Die Judengasse war ein Tempel der Tugend, vor dessen Schwelle die Lüge und das Unrecht und die Gottlosigkeit scheu zurückwichen.“

Nach ihrem Abriss zwischen 1867 und 1887 wurde die Frankfurter Judengasse zunächst vergessen. Insbesondere dem Lehrer am Philanthropin Isidor Kracauer ist es zu verdanken, dass zu Beginn des 20. Jahrhunderts schließlich eine Reihe von detaillierten Untersuchungen zur Geschichte der Frankfurter Juden in Mittelalter und Früher Neuzeit durchgeführt wurde, mit denen das Leben in der Judengasse wieder in den Blick geriet. Für die Nationalsozialisten galt der Ort wenig später als ein Zentrum der von ihnen phantasierten „jüdischen Weltverschwörung“. Nicht zufällig spielte hier die Eingangsszene des berüchtigtsten antisemitischen NS-Films „Jud Süß“.

Nach dem Holocaust geriet die ehemalige Judengasse bei der deutschen Nachkriegsbevölkerung erneut in Vergessenheit. Mit den archäologischen Funden, die 1987 am Börneplatz gemacht wurden, aber rückte sie ins Zentrum öffentlicher Aufmerksamkeit. Die Absicht der Stadt Frankfurt, die soeben gefundenen Zeugnisse jüdischer Geschichte abzutragen, um ein Gebäude der Stadtwerke zu errichten, führte zu Protesten und zu einem heftigen Konflikt um die Frage, wie in der Bundesrepublik Deutschland nach dem Holocaust mit den Zeugnissen jüdischer Geschichte umzugehen sei. Die öffentlichen Auseinandersetzungen endeten mit der Entscheidung der Stadt, die freigelegten Fundamente der ehemaligen Judengasse abzutragen und den Protestierenden als Kompromiss anzubieten, sie in Teilen an der originalen Stelle wiederaufzubauen. Das geplante Verwaltungsgebäude der Frankfurter Stadtwerke wurde errichtet; ein Teil der Mauerreste, darunter die beiden Mikwen, im Keller des Gebäudes zugänglich gemacht.

Sie bilden den Kern des Museums Judengasse, das 1992 als Dependance des Jüdischen Museums eröffnete. Die Geschichte des Museums spiegelt also die Auseinandersetzung der bundesdeutschen Gesellschaft nach dem Holocaust mit dem deutsch-jüdischen Kulturerbe.

Im Rahmen der Neugestaltung des Jüdischen Museums wurde die Ausstellung im Museum Judengasse grundlegend überarbeitet. Im Unterschied zur früheren Dauerausstellung werden die archäologischen Zeugnisse – die Fundamente von fünf Häusern der Judengasse, die nach dem großen Brand 1711 wiederaufgebaut wurden – nicht durch Reproduktionen erläutert, sondern anhand von originalen Objekten aus der Sammlung des Jüdischen Museums und weiterer Leihgeber.

Mit den Hausfundamenten selbst eröffnet sich den Besuchern ein Mikrokosmos des Lebens in der Judengasse: Neben drei sehr schmalen und kleinen Häusern, in denen arme Bewohner lebten, stand das Steinerne Haus, das nicht als Fachwerkbau errichtet worden war und von Familien der Oberschicht bewohnt wurde. Hier befanden sich die beiden Ritualbäder, die es den Bewohnern der Gasse ermöglichten, die Reinheitsvorschriften zu befolgen. Im benachbarten Haus war eine Talmud-Hochschule mit kleiner Synagoge untergebracht, an der berühmte Rabbiner lehrten und an der die renommierte Frankfurter Talmud-Ausgabe von 1720–23 entstand. Die verschiedenen Bauten zeugen von der Vielfalt sozialer, alltagskultureller, politischer und religiöser Themen, die das Leben der Judengasse prägten. Die Perspektive, mit der die neue Dauerausstellung diese Themen reflektiert, hat sich entscheidend gewandelt: Juden werden nicht mehr als diejenigen dargestellt, die hinter den Mauern der Judengasse ein vom Rest der Stadt isoliertes Leben führten, sondern als eine Gruppe der städtischen Gesellschaft, die auf vielfältige Art und Weise mit den anderen städtischen Gruppen verbunden war. Das verdeutlichen etwa die Chanukka-Leuchter, die nicht ausschließlich in ihrer rituellen Bedeutung, sondern auch als Produkt des Dialogs zwischen jüdischem Auftraggeber und christlichem Goldschmied thematisiert werden. Oder auch die Bilderwelten, die die Häuser der Judengasse prägten und in denen sich weniger eine partikulare jüdische Lebenswelt abzeichnet, als vielmehr der kulturelle Raum, in dem

Juden und Christen lebten, sich wechselseitig wahrnahmen und in ihren Zeugnissen beeinflussten. Neben dem jüdisch-christlichen Beziehungsgeflecht beleuchtet die neue Ausstellung die Vielfalt der Berufe, die Gelehrsamkeit der Rabbiner, die Welt der jiddischsprachigen Literatur, für die Frankfurt einer der wichtigsten Druckorte in Mitteleuropa war, und die religiöse und weltliche Musiktradition der Judengasse. Dabei erschließen sich neue Fragestellungen und Interpretationen. Die Judengasse wird für die Besucher als ein jüdischer Ort mit einer gewissen Autonomie erfahrbar, in dem die Gebote des Religionsgesetzes eingehalten – oder auch unterlaufen – werden konnten, und in dem es zugleich gelang, sich aktiv gegen handgreifliche Angriffe und rechtliche Einschränkungen zur Wehr zu setzen.

In den vergangenen Jahrzehnten wurden Leben und Kultur in der Judengasse intensiv erforscht. Der 2006 vom Jüdischen Museum publizierte Tagungsband „Die Frankfurter Judengasse. Jüdisches Leben in der Frühen Neuzeit" eröffnete neue Perspektiven und Fragestellungen, der umfangreiche Studien insbesondere von Andreas Gotzmann, Thorsten Burger und Cilli Kasper-Holtkotte folgten. Die Forschungen der genannten Autoren bahnten folgendem Blick auf die jüdische Alltagskultur in der Judengasse den Weg: Das Leben war ebenso von inneren und äußeren Konflikten geprägt wie von dem intensiven Austausch mit der christlichen Umgebung. In den vielfältigen kulturellen Artikulationen, die sich unter diesen Umständen entwickelten, kommen sowohl die Einbindung der Judengasse in die Gesellschaft der Reichsstadt als auch die Bedrohungen zum Ausdruck, welche die jüdische Existenz in der Frühen Neuzeit kennzeichneten.

Das Begleitbuch zur neuen Ausstellung präsentiert in einem reich bebilderten Katalogteil die Objekte der Ausstellung und interpretiert sie unter Fragestellungen, die neue Einblicke in den Alltag der Jüdinnen und Juden im Frankfurt der Frühen Neuzeit vermitteln. Dem Katalogteil gehen zwei Essays voraus, die die Rahmenbedingungen der in Ausstellung und Katalog angesprochenen Themen zeigen. Fritz Backhaus skizziert die politische und rechtliche Entwicklung der jüdischen Gemeinde in Frankfurt vom Mittelalter bis zum Ende des Ghettos und berührt dabei die historischen

Ereignisse, die für die jüdische Gemeinde von besonderer Bedeutung waren. Felicitas Heimann-Jelinek untersucht, wie nach dem Abriss der Gasse und der Umbenennung von Judengasse und Judenmarkt in Börnestraße und Börneplatz an dieser Stelle ein Erinnerungsort entstand, der die Brüche und Widersprüche deutsch-jüdischer Geschichte im 20. Jahrhundert wie in einem Brennglas widerspiegelt.

Ausstellung und Katalog hätten nicht ohne die Mitarbeit einer Reihe von Kolleginnen und Kollegen entstehen können. In diesem Zusammenhang gilt Dr. Wolfgang Treue, Dr. Felicitas Heimann-Jelinek, Katja Janitschek, Viktoria Kaiser, Dr. Wanda Löwe, Dr. Tanja Roos und Dr. Alexandra Schumacher unser besonderer Dank.

Darüber hinaus danken wir den Leihgebern, die sich bereit erklärten, auf ihre wertvollen Objekte für einen längeren Zeitraum zu verzichten, namentlich dem Historischen Museum Frankfurt, dem Archäologischen Museum Frankfurt, dem Jüdischen Kulturmuseum und Synagoge Veitshöchheim, der Universitätsbibliothek Johann Christian Senckenberg, Frankfurt am Main, dem Jewish Museum London und der Jewish Historical Society of England, den Leihgebern Dr. David and Jemima Jeselsohn, Schweiz, Dr. Michele und Jacob Klein, Israel, Dr. Josef Pultuskier, München und Prof. Dr. Falk Wiesemann, Düsseldorf.

Das Projekt wurde durch die Unterstützung der Art Mentor Foundation Lucerne, Evonik Industries, der Gemeinnützigen Hertie Stiftung, der Georg und Franziska Speyer'schen Hochschulstiftung, der Hannelore Krempa Stiftung, der Stadtwerke Frankfurt am Main Holding GmbH, der Stiftung Polytechnische Gesellschaft Frankfurt am Main und der Gesellschaft der Freunde und Förderer des Jüdischen Museums e. V. ermöglicht. Wir sind sehr froh, dass sie die Umsetzung dieses Projekts durch ihre großzügige Zuwendung ermöglicht haben.

1 Travels among Jews and Gentiles: Abraham Levie's Travelogue, Amsterdam 1764, Text mit Einl. und Kommentar hg. von Shlomo Berger, Leiden 2002, S. 64 f. Übersetzung des Textes von Sabine Kößling.

2 Andreas Mayer, Briefe eines jungen Reisenden durch Liefland, Kurland und Deutschland an seinen Freund, Erlangen 1777, S. 64–66.

# Die Frankfurter Judengasse

Fritz Backhaus

## Einleitung

1987 kamen bei Bauarbeiten für das neue Verwaltungsgebäude der Frankfurter Stadtwerke am Börneplatz die archäologischen Reste der Judengasse ans Tageslicht. Was als ein Routinefall der Stadtarchäologie begann, entwickelte sich zu einem erbitterten Konflikt, in dem grundsätzlich um die Bedeutung der Zeugnisse jüdischer Geschichte in Deutschland nach dem Holocaust gestritten wurde. Das Ergebnis war ein Kompromiss: Die Funde wurden komplett abgetragen, um Platz für den Neubau zu schaffen, fünf der 19 Hausfundamente und die Reste der beiden Mikwen wurden jedoch so dokumentiert, dass sie im Keller des Gebäudes am originalen Platz wiederaufgebaut werden konnten.[1]

Bei den Auseinandersetzungen ging es in erster Linie nicht um die materiellen Überreste. Die Zeitungsartikel, Diskussionen und Publikationen erzählten vor allem eine weitgehend vergessene und verdrängte Geschichte: die Geschichte des Ghettos in Frankfurt. Im Mittelpunkt der Erzählung standen Begriffe wie Ausgrenzung, Zwang, Beschränkung, Unterdrückung, Verfolgung. Die Grundlage der Diskussion, die sich auf die Frage zuspitzte, ob das Ghetto Schutz oder Gefängnis war, bildete 1987 immer noch ein Buch, das bereits 60 Jahre zuvor erschienen war: die zweibändige Geschichte der Frankfurter Juden von Isidor Kracauer.[2] Dies spiegelt die Forschungssituation der 1980er Jahre wider: Jüdische Geschichte, insbesondere des Mittelalters und der Frühen Neuzeit, war in Deutschland nach dem Holocaust kein Thema mehr. Die jüdischen Forscher waren vertrieben und ermordet worden, die Historiker an deutschen Universitäten begannen erst 40 Jahre nach Kriegsende das Thema allmählich wieder zu entdecken – getrieben auch durch eine Öffentlichkeit, die begann, Fragen zu stellen.

Die seit den 1990er Jahren entstandene Forschung entwickelte dabei neue Perspektiven: Es ging darum, Juden als eine Gruppe der Gesellschaft wahrzunehmen, die durch vielfältige Beziehungen mit den anderen Gruppen der Gesellschaft verknüpft war und Teil eines gemeinsamen Kulturraums bildete, der ebenso christlich wie jüdisch geprägt war. Abgrenzung und Ghettoisierung bildeten dabei nur eine Facette jüdischer Existenz in der Frühen Neuzeit, ebenso wichtig waren die politischen Verknüpfungen, alltägliche Begegnungen und ein Leben, das in jeder Beziehung durch die religiösen Gebote und Gebräuche durchdrungen war. Die gegenseitige Wahrnehmung war jedoch kontrovers. Von christlicher Seite sah man in die Judengasse mit Ignoranz, Neugier, Scheu oder auch missionarischem Eifer. Von jüdischer Seite wurden Christen häufig als Quelle alltäglicher Bedrohung empfunden, gegen die der Schutz durch die Obrigkeit und durch die städtische Gemeinschaft lebensnotwendig, aber auch fragil war.

## Die mittelalterliche Gemeinde – Beschreibung und Rechtsverhältnisse

Das Ghetto der Judengasse war jedoch nicht der Normalfall jüdischer Siedlungen im Mittelalter und in der Frühen Neuzeit. In Frankfurt lebten die Juden ursprünglich in der Mitte der Stadt – die älteste Synagoge war nur wenige Meter vom Dom entfernt. Juden sind hier bereits seit Mitte des 12. Jahrhunderts bezeugt.[3] Bezeichnenderweise bildet die erste Erwähnung in einer hebräischen Quelle gleichzeitig den ersten Beleg für die Frankfurter Messe. Jüdische Kaufleute spielten in der Zeit, als sich die Siedlung um Königspfalz und Dom zu einer Stadt entwickelte, eine wichtige Rolle. Die Juden unterstanden unmittelbar der Herrschaft des Königs, der von ihnen Abgaben erhielt und dafür im Gegenzug Schutz versprach und besondere wirtschaftliche Privilegien verlieh. Das Verhältnis zum König wurde seit der Mitte des 13. Jahrhunderts als Kammerknechtschaft bezeichnet und blieb bis zum Ende des Alten Reiches 1806 erhalten. Die Wohnsitze im Zentrum der Stadt bildeten keinen geschlossenen Bezirk, sondern befanden sich unmittelbar neben den Häusern von Patriziern, Handwerkern oder Fischern. Bis ins 15. Jahrhundert hinein wurden die Juden in den städtischen Quellen als Bürger bezeichnet – ein Begriff, der die Zugehörigkeit der Juden zum städtischen Schutz- und Haftungsverband ausdrücken sollte.[4] Die zunehmende

Abgrenzung seit dem 15. Jahrhundert markiert ein Beschluss des Rates, in dem 1446 den Juden der Stadt ausdrücklich untersagt wurde, sich als Bürger Frankfurts zu bezeichnen.

Die Frankfurter Juden besaßen ein hohes Maß an Autonomie, die sich in eigenen sozialen Einrichtungen wie Friedhof, Hospital, Synagoge und Ritualbad niederschlug. In Frankfurt wirkten in der Regel mehrere Rabbiner. Dennoch gehörte die Gemeinde im Mittelalter nicht zu den führenden Zentren des Judentums. Hier blieben bis in das Spätmittelalter die älteren Gemeinden in Speyer, Worms, Mainz, Köln, Nürnberg, Regensburg, Erfurt und Magdeburg bedeutender.

Die Bürgerschaft Frankfurts, die ebenfalls direkt dem König unterstand, baute nach und nach ihre Autonomie aus und erwarb von den Königen alle wichtigen Rechte, die eine unabhängige Selbstverwaltung und Gerichtsbarkeit garantierten. Der Rat der Stadt versuchte seine Rechte auch auf die Juden auszudehnen und erwarb 1349 von Karl IV. pfandweise die Herrschaft über die Frankfurter Juden.[5] Einen Monat nach dem Abschluss des Vertrags wurden sie jedoch ermordet. Offensichtlich hatte man in Frankfurt bereits mit einem Pogrom gerechnet, da der Rat sich in der Verpfändungsurkunde zusichern ließ, dass er, sollten die Juden demnächst in Frankfurt erschlagen werden, sich den Besitz der Juden zum Ausgleich für die sehr hohe Pfandsumme aneignen dürfte.

## Christen und Juden

Wenige Jahre nach diesem Pogrom, das Teil der Verfolgungswelle war, die ganz Mitteleuropa zwischen 1348 und 1350 erfasste, konnten sich wieder Juden in Frankfurt ansiedeln. Die Stadt erwarb von Karl IV. erneut die Herrschaft über die Juden, die sich in dem alten Areal südlich des Domes niederlassen konnten.[6] Ihr Rechtsstatus hatte sich jedoch deutlich verschlechtert. Die aufgenommenen Juden erhielten nur noch ein auf wenige Jahre befristetes Aufenthaltsrecht. Der Rat begann zunehmend, das Leben der Juden und insbesondere ihre Beziehungen zu den Christen durch Vorschriften und Verbote zu regulieren. Trotz dieser eigentlich eindeutigen Herrschaft des

Rates über die Juden behauptete der König weiterhin eine Art Oberherrschaft über die Frankfurter Juden. Diese schlug sich in Steuerforderungen anlässlich von Wahl und Krönung oder zu besonderen Gelegenheiten nieder, wobei die Juden aber auch auf dessen Schutz in Bedrohungssituationen hoffen konnten. Über Jahrhunderte blieb so für die jüdische Gemeinde die Abhängigkeit von miteinander konkurrierenden Herrschaftsgewalten charakteristisch. Neben König und Rat spielten auch der Erzbischof von Mainz und andere Territorialherren eine wichtige Rolle. Eine Existenz sichernde Aufgabe der Gemeindevorsteher und der führenden Familien war es daher, diese Beziehungen zu pflegen und im Konfliktfall Unterstützung zu gewinnen.

Jüdisches Leben im mittelalterlichen Frankfurt war durch eine enge räumliche Nachbarschaft mit den Christen geprägt. Die alltägliche Nähe stand im Kontrast zu dem religiösen Abgrund, der zwischen Juden und Christen bestand. Die Juden wurden als einzige nichtchristliche Gruppe geduldet, waren aber auch stetes Ziel missionarischer Bemühungen. Seinen Ausdruck fand dies zum Beispiel in der heute noch vorhandenen Figurengruppe über dem Südportal des Domes.[7] Sie wurde um 1355 errichtet und zeigt Maria mit dem Jesuskind, Joseph und mehrere Propheten des Alten Testaments. Joseph ist durch einen Hut als Jude gekennzeichnet. Zusammen mit den Propheten, die nach christlicher Interpretation bereits im Alten Testament die Ankunft Jesu als Messias vorausgesagt hätten, schaut er zur Synagoge hin und demonstriert, dass er ebenso wie die Propheten Jude war und die Wahrheit der christlichen Botschaft erkannt hatte.

Wie die jüdischen Nachbarn diese Bildpropaganda wahrgenommen haben, wissen wir nicht. Die mit Musik und Gesang aufgeführten Passionsspiele, die hier im 14. Jahrhundert wenige Meter von der Synagoge entfernt stattfanden, konnten sie sicher nicht überhören, insbesondere die Szenen, in denen Judenfiguren im biblischen Spiel auftraten, die als verstockt, bösartig und nur an materiellen Dingen interessiert karikiert wurden. Der antijüdischen Polemik der Christen stand auf jüdischer Seite die feste Überzeugung entgegen, im Bündnis mit Gott und seinen Geboten folgend, in einer Welt von „Götzenanbetern“ zu leben. Dafür spricht schon die geringe

Zahl an Konversionen, die trotz der intensiven Mission überliefert ist. Der religiöse Gegensatz spielte auch eine zentrale Rolle bei den mittelalterlichen Pogromen, in denen die Frankfurter Juden 1241 und 1349 ermordet wurden.[8] In beiden Verfolgungen verbanden sich religiöse Motive mit politischen Konflikten, die den Angriff auf die Juden auslösten. Sie wehrten sich erbittert und konnten nur nach mehrtägigem Kampf besiegt werden. Im Jahr 1241 vor die Alternative Tod oder Taufe gestellt, wählten 24 Männer und Frauen die Taufe, 180 wurden ermordet. Die Getöteten wurden nicht vergessen, sondern als Märtyrer in Erinnerung behalten. Überlebende schrieben ihre Namen auf, damit im Gottesdienst, insbesondere am Trauertag zum Gedenken an die Zerstörung des Tempels in Jerusalem, an ihr Leiden erinnert werden konnte. In Gebeten und Liedern erhielt ihr Festhalten am Glauben der Vorfahren über Jahrhunderte einen religiösen Sinn als Prüfung Gottes und Reaktion auf die eigenen Sünden.[9]

Das wichtigste Zeugnis der mittelalterlichen Gemeinde sind die Grabsteine des Friedhofs an der Battonnstraße, der nach 1260 angelegt und bis 1828 von der jüdischen Gemeinde belegt wurde.[10] Ihre Inschriften verraten die religiöse Durchdringung des jüdischen Lebens. Die Grabsteine dokumentieren nicht berufliche Erfolge, Vermögen oder Macht, sondern Frömmigkeit und Wohltätigkeit als diejenigen Werte, die der Nachwelt überliefert werden sollen.

## Die Einrichtung der Judengasse

In den 1430er Jahren begann im Frankfurter Rat die Diskussion, ob man die Juden nicht generell aus der Stadt ausweisen sollte. Der Rat folgte damit dem Trend der Zeit. Seit Ende des 14. Jahrhunderts begannen die großen unabhängigen Städte und viele Territorien ihre jüdischen Gemeinden zu vertreiben. Den Anfang machte Straßburg 1387. Es folgten die alten Zentren des aschkenasischen Judentums wie Köln, Speyer, Trier, Nürnberg, Regensburg, Erfurt, Magdeburg und Halle. Aus England, Frankreich, Spanien und Portugal wurden die Juden ebenfalls vertrieben, so dass sich der Schwerpunkt jüdischer Siedlung nach Polen, Italien und in den osmanischen Herrschaftsbereich verlagerte. In Deutschland entwickelten sich mit der

Vertreibung aus den großen Städten seit dem 16. Jahrhundert neue Siedlungsschwerpunkte auf dem Land in Dörfern und Kleinstädten.

Frankfurt ging einen anderen Weg.[11] Kaiser Friedrich III. intervenierte 1442 nach seiner Wahl in Frankfurt und verlangte die Entfernung der Juden aus der unmittelbaren Umgebung des Domes. Das „geschrei in der Synagog" würde den christlichen Gottesdienst stören, bei Prozessionen könnten die Juden aus ihren Wohnhäusern die Hostie sehen und damit den Leib Jesu beleidigen. Die Juden nahmen jedoch die Anordnung des Kaisers nicht hin. Sie verfassten eine Petition an den Rat und verhinderten so die Umsetzung des kaiserlichen Befehls. 18 Jahre später wiederholte Friedrich III. diesen jedoch. Es vergingen zwar wieder fast zwei Jahre, aber dann fasste der Rat den Beschluss, die Juden aus dem Zentrum der Stadt zu entfernen und in neue Wohnsitze im Randbereich der Stadt umzusiedeln. Wieder wehrten sich die Juden mit einer noch umfangreicheren Denkschrift. Beide Dokumente geben einen interessanten und seltenen Einblick in den Alltag aus jüdischer Sicht. Auch wenn die jüdische Gemeinde wahrscheinlich ihre Situation dramatisierte, so werden doch Gefährdungen sichtbar, die sonst in den Quellen nur wenig Niederschlag finden.[12]

Mit dramatischen Worten beschwören die Frankfurter Juden die Gefahren, die ihnen an ihren neuen Wohnsitzen am Rand der Stadt drohten: Es sei zu befürchten, dass sie dort „ermordet werden, beraubt werden bei Tag und bei Nacht oder Feuer geleget oder geschossen werde".[13] Schon jetzt würden sie von den Gesellen in der Schmiedegasse, durch die sie dann täglich zu ihren neuen Wohnsitzen gehen müssten, häufig mit Steinen beworfen. In der abgelegenen und übel beleumdeten Gegend am Wollgraben hätten sie keinen Schutz durch Nachbarn, die zur Hilfe verpflichtet seien. Erst kürzlich seien sie in ihrer Synagoge von Fremden angegriffen worden und nur zufällig vorbeikommende Polizeibeamte hätten sie gerettet. Sie warnen auch davor, dass die Investition für den Rat, neue Häuser zu errichten, nicht zu unterschätzen sei, da sie aufgrund ihres Handels mit Pfändern große Häuser benötigten und zudem auch Häuser für den Rabbiner und andere Gemeindeangestellte, die keine Abgaben leisten würden. Gegen eine Absperrung ihres bisherigen Wohnbereichs am Dom hatten die Juden dagegen keine prinzipiellen Einwände. Sie sahen darin wahrscheinlich eine Erhöhung des Schutzes.

Die Argumente der jüdischen Gemeinde fanden durchaus Gehör. 1442 wurde die Anweisung des Königs durch den Rat nicht umgesetzt, 1460 bewirkte die Petition der Gemeinde eine wenn auch nur kurzzeitige Rücknahme des Umsiedlungsbeschlusses. Die Forderung, auch ausreichend große und angemessene Häuser für die Gemeindeangestellten zu bauen, fand jedoch Berücksichtigung. Unter der Leitung von zwei Ratsherren schritt der Bau voran, so dass der Umzug der Juden in ihre Wohnsitze nach zwei Jahren angeordnet wurde. Es handelte sich um die in Frankfurt üblichen Fachwerkbauten, nur die neue Synagoge wurde in Stein errichtet. Dafür holte der Rat sicherheitshalber auch die Genehmigung von Papst Pius II. ein. Bei Licht besehen ist die Umsiedlung der Juden ein erstaunlicher Vorgang. Sie war für die Stadt kostspielig und mit erheblichem Aufwand verbunden. Ab 1463 verpflichtete der Rat auch die Juden, ab diesem Zeitpunkt selbst für die Baukosten aufzukommen. Die Häuser blieben jedoch im Besitz des Rates und wurden den Familien gegen eine jährliche Zahlung zur Verfügung gestellt.

1462 zogen alle jüdischen Familien in die neue Gasse am Stadtrand um. Keiner machte von der Möglichkeit Gebrauch, aus Frankfurt fortzuziehen – eine Option, die in den Jahrzehnten zuvor bei Konflikten und aus wirtschaftlichen Gründen häufig wahrgenommen oder als Drohung eingesetzt wurde.

## Bevölkerungsstruktur der Judengasse

Für das Jahr 1473 steht uns eine erste vollständige Übersicht der Bevölkerung in der Judengasse zur Verfügung.[14] Nach Abschluss der ersten Bauphase bestand die Gasse aus ca. 15 Häusern, einer Synagoge, einem Fremdenhospital und einem Ritualbad. Die Gemeinde zählte in diesem Jahr 154 Personen. 22 Haushalte besaßen die Stättigkeit, also ein festes Aufenthaltsrecht. Ein Haushalt konnte bis zu neun Personen umfassen, darunter minderjährige Kinder (2 bis 6 werden genannt), Dienstboten, einen Hauslehrer oder erwachsene Verwandte. 23 Personen lebten als Fremde in Frankfurt, 16 werden schließlich sehr drastisch als „Lahme, Blinde, Hungerleider“[15] bezeichnet. Sie waren im Hospital der Judengasse untergebracht. Manche der Hospitalinsassen konnten dort viele Jahre verbringen. Immerhin 10 Prozent der jüdischen Bevölkerung lebten von der Wohltätigkeit der Gemeinde. Geht man von einer Gesamtbevölkerung Frankfurts von maximal 10 000 Personen aus, stellten die Juden 1473 ca. 1,5 Prozent der Bewohner der Stadt.

## Vertreibungsversuche und Bevölkerungsexplosion

Mit der Einrichtung des Ghettos endete die Diskussion um die Vertreibung der Juden nicht. 1515 lancierte sogar der Stadtsyndikus Adam Schönwetter einen Plan, unter Führung des Erzbischofs von Mainz die Vertreibung aller Juden in den Städten und Herrschaften der gesamten Rhein-Main-Region durchzusetzen.[16] Die sorgfältig vorbereitete Maßnahme scheiterte jedoch am Widerstand der Frankfurter Juden. Sie konnten die Unterstützung Kaiser Maximilians mobilisieren, der den Vertreibungsversuch als Angriff auf seine Rechte ansah und eine Fortsetzung des Projekts strengstens untersagte. Die Ambivalenz der Beziehung zum Kaiser war jedoch wenige Jahre zuvor auf drastische Weise deutlich geworden: Der Konvertit Johannes Pfefferkorn hatte von Kaiser Maximilian den Auftrag erhalten, alle jüdischen Bücher zu beschlagnahmen.[17] Die für das gesamte Reich geplante Aktion sollte Pfefferkorn in Frankfurt beginnen, da, wie der Kaiser schrieb, die Juden dort ihre „höchste Synagoge“ hätten. Kaiser Maximilian war von Pfefferkorn und prominenten Vertretern der Franziskaner und Dominikaner überzeugt worden, dass die hebräischen Bücher Schmähungen Christi enthielten und der Grund dafür seien, warum die Juden die Wahrheit der christlichen Botschaft nicht erkennen könnten. Die Frankfurter Juden wurden von Pfefferkorns Ankunft in der Stadt vollkommen überrascht. Sie versuchten die Beschlagnahmung zu verhindern; Pfefferkorn schaffte es jedoch mit der Urkunde des Kaisers, die Unterstützung des Rates und der Hohen Geistlichkeit im Domstift zu gewinnen. In zwei Aktionen wurden über 1500 Bücher konfisziert, aus der Gasse gebracht und in Fässern eingelagert. Die große Zahl der Bücher macht deutlich, welche Bedeutung die religiöse Literatur im jüdischen Leben hatte. Ihre Titel übermittelt uns eine Liste, die der städtische Schreiber während der Konfiskation anfertigte. Er schrieb offensichtlich nach Gehör auf und ohne Kenntnis des Hebräischen; dennoch lassen die verstümmelten Titel erkennen, dass es sich in der Regel um verschiedene Gebetbücher und Kommentare zur Bibel handelte. Geht man davon aus, dass zu diesem Zeitpunkt ca. 20 Familien in der Judengasse lebten, hatte jeder jüdische Haushalt im Schnitt 70 bis 80 Bücher – ein weiteres Indiz dafür, in welchem Maße Bildung und religiöse Literatur den Alltag in der Judengasse prägten. Ein Teil dieser Bücher war aber vermutlich auch für den Handel bestimmt.

Die Frankfurter Juden protestierten gegen die Beschlagnahmung und schickten ihren Vorsänger Jonathan Zion als Gesandten zum Kaiser, der in Norditalien Krieg führte. Er konnte zwar noch nicht die Rückgabe bewirken, aber den Kaiser doch so weit beeinflussen, dass dieser vier christliche Gutachter beauftragte, die Anschuldigungen Pfefferkorns zu überprüfen. Drei von ihnen bestätigten dessen Behauptungen, der vierte, Johannes Reuchlin, widersprach. Er war einer der führenden Humanisten der Zeit und hatte kurz zuvor die erste hebräische Grammatik vorgelegt. Daraus entwickelte sich ein heftiger Konflikt zwischen Reuchlin, unterstützt von zahlreichen Humanisten wie Ulrich von Hutten oder Erasmus von Rotterdam, und den Vertretern der mittelalterlichen Scholastik, von den Humanisten als „Dunkelmänner" verspottet. In diesem für die Moderne so wichtigen Streit spielten die Frankfurter Juden keine Rolle mehr. Sie hatten die Bücher zurückerhalten, nachdem sie dem Kaiser zugesagt hatten, die bei ihnen verpfändeten kostbaren Schmuckstücke und Kleinodien des Herzogs von Braunschweig, der sich im Dienst des Kaisers verschuldet hatte, nicht zu verkaufen. In den beiden kurz aufeinander folgenden Ereignissen zeigte sich die fragile Existenzgrundlage der Frankfurter Juden, aber auch ihr ambivalentes Verhältnis zum Kaiser, das sowohl Schutz wie Gefährdung bedeuten konnte.

Nach dem Scheitern des Vertreibungsversuchs blieb die jüdische Gemeinde fast ein Jahrhundert lang von entsprechenden Angriffen verschont.

Stattdessen wuchs die Bevölkerungszahl in der Gasse an. Innerhalb von 100 Jahren stieg die Zahl der Bewohner von ca. 200 um das Jahr 1500 auf 2700 um das Jahr 1600 an – eine Bevölkerungsexplosion, die sich vor allem durch starke Zuwanderung erklärt.[18] Zum Teil kam sie aufgrund der Vertreibungen aus den alten Zentren des Judentums wie Nürnberg oder Mainz zustande, vor allem aber zogen aus den kleineren und größeren Orten des Rhein-Main-Gebiets jüdische Familien nach Frankfurt. Hintergrund war die wachsende wirtschaftliche Attraktivität der Stadt im 16. Jahrhundert. Die Messe wurde zu einem der wichtigsten europäischen Kapitalmärkte. Die Zuwanderung calvinistischer Glaubensflüchtlinge aus den spanischen Niederlanden führte zur Etablierung florierender innovativer Betriebe der Textilherstellung. Insgesamt wuchs die Einwohnerzahl Frankfurts im 16. Jahrhundert auf ca. 20 000 – der jüdische Bevölkerungsanteil betrug daher am Ende des Jahrhunderts zwischen 10 und 15 Prozent. Auch wenn all diese Zahlen nur Schätzungen sind und Epidemien oder Kriege zu erheblichen Schwankungen führen konnten, so ist doch zu konstatieren, dass keine andere europäische Großstadt in dieser Zeit einen solch großen jüdischen Bevölkerungsanteil aufwies.

## Bebauung

Für die innere Struktur der Judengasse hatte die Bevölkerungsexplosion erhebliche Konsequenzen. Da der Rat das Gelände der Judengasse kaum erweiterte, wurde die Bebauung immer dichter.[19] Auf allen freien Grundstücken wurden Häuser errichtet, Ställe und Laubhütten in Wohnhäuser umgewandelt und bestehende große Häuser in zwei oder drei kleinere Einheiten geteilt. Am Ende des 16. Jahrhunderts waren so ca. 200 Wohnhäuser entstanden, die von etwa 450 Familien bewohnt wurden. Interessant ist die Reaktion des Rates auf diese Zuwanderung. Im Prinzip hatte sich die religiöse Feindschaft, die zur Einrichtung des Ghettos und zu den Vertreibungsversuchen geführt hatte, nicht vermindert. Die heftige antijüdische Polemik Martin Luthers hatte die Einstellung der protestantischen Stadt ebenfalls geprägt. Dennoch duldete der Rat die Zuwanderung und erlaubte den Bau neuer Häuser innerhalb der Gasse. Es flammten zwar kurzzeitig Diskussionen auf, ob man nicht die Zahl begrenzen sollte oder zumindest die ärmeren Juden ausweisen könne. Diese Versuche zeigten jedoch nur geringe Wirkung. Die Duldung der Zuwanderung hatte vor allem wirtschaftliche Gründe. Der Frankfurter Rat war durch Fehlspekulationen im Kupferbergbau schwer verschuldet, so dass die wachsenden Einnahmen von den Juden und die Vermittlung von Krediten für ihn von großem Nutzen waren. Im Messehandel und im Geldwechsel übernahmen die jüdischen Kaufleute wichtige Funktionen. Viele waren auch im Umland tätig und versorgten die Bewohner der Dörfer und Kleinstädte im Rhein-Main-Gebiet ebenso wie benachbarte Fürsten mit Krediten und Waren.

## Neue Herausforderungen

Die stark gewachsene Bevölkerungszahl führte zu neuen Anforderungen an die Verwaltung der jüdischen Gemeinschaft. Als Leitung entwickelte sich im 16. Jahrhundert ein Gremium von zehn Vorstehern, die als Baumeister oder Zehner bezeichnet wurden.[20] Es ergänzte sich, wenn ein Mitglied ausschied, durch Kooptation. Die Bezeichnung weist darauf hin, dass ihre Entstehung mit den wachsenden Bauaktivitäten in Zusammenhang steht, die dazu dienten, die zahlreichen Zuwanderer unterzubringen. Die Baumeister vertraten die Gemeinde nach außen gegenüber dem Rat, städtischen Beamten oder dem Kaiser und sorgten nach innen für Ruhe und Ordnung. Dazu stärkte der Rat ihre Macht, als er den Baumeistern eine Art niederer Gerichtsbarkeit übertrug mit der Möglichkeit, Geldstrafen und offensichtlich auch gewisse Körperstrafen zu verhängen. Mit der explosionsartigen Zunahme der Bevölkerung im 16. Jahrhundert nahmen auch die Konflikte und Streitigkeiten zu, durch die sich die städtische Gerichtsinstanz überlastet und vielleicht auch aufgrund der spezifischen Bedingungen des jüdischen Rechts überfordert fühlte. Die Gerichtsrechte waren jedoch nicht eindeutig abgegrenzt. Die unklare Situation ermöglichte eine Art „subversiver" Ausdehnung der Gerichtsrechte des Vorstands gegenüber den städtischen Gremien.[21] Die Baumeister rekrutierten sich zunehmend aus einem Kreis führender Familien, die durch ihre wirtschaftliche Stärke, ihr Sozialprestige und ihre Beziehungen zu Ratsmitgliedern, zum Kaiserhof oder zu wichtigen Fürstenhöfen eine Oligarchie bildeten. Durch Heiraten, geschäftliche Verbindungen und gemeinsame Interessen waren sie nicht nur untereinander, sondern auch mit entsprechenden Familien aus anderen jüdischen Zentren wie Worms, Friedberg, Fürth oder Familien verbunden, die sich seit dem 17. Jahrhundert an den Fürstenhöfen als Lieferanten und Kreditgeber in Hannover, Wien, Berlin oder Prag etablieren konnten.[22]

Vielleicht beeinflusst durch kabbalistische Vorstellungen zum Umgang mit den Toten, entstanden in den großen Gemeinden des aschkenasischen Judentums Beerdigungsgesellschaften als eine neue Institution, zuerst Mitte des 16. Jahrhunderts in Prag, dann bald darauf auch in Frankfurt.[23] Sie spiegelten die große Bedeutung wider, die das Gebot der Wohltätigkeit, der Zedaka, einnahm. Als ihre höchste Stufe gelten die wohltätigen Handlungen für diejenigen, die dafür keine Gegenleistung erbringen und keine Dankbarkeit erweisen können. Daher genießen die Wohltaten, die den Verstorbenen entgegengebracht werden, höchstes Ansehen. In Frankfurt wurden sogar zwei Gesellschaften mit jeweils 18 Mitgliedern gegründet, die sich aus den führenden Familien der Judengasse rekrutierten. Sie betreuten den Sterbenden, waren für den Friedhof zuständig, bereiteten den Leichnam auf die Bestattung vor und sorgten für die Beerdigung.

## Armut

Zu den Familien, die nach Frankfurt kamen und hier aufgrund ihres Vermögens und ihrer familiären Verbindungen ein dauerhaftes Aufenthaltsrecht erwerben konnten, kam eine kaum übersehbare Zahl von Fremden hinzu, die bitterarm waren.[24] Auf der Suche nach einem Lebensunterhalt suchten sie in der aufstrebenden Metropole vor allem eine Möglichkeit, als Dienstmädchen oder Knecht zu arbeiten. Ihre Situation blieb jedoch sehr fragil. Sie konnten jederzeit ausgewiesen werden, wenn sie ihre Stelle verloren. Während der Messen war Frankfurt eine offene Stadt, in die Tausende von Fremden strömten, darunter Hunderte von Juden. In der Judengasse war ihr

Aufenthalt zwar auf 14 Tage begrenzt, ihre Gastgeber mussten dafür auch täglich eine bestimmte Summe zahlen. Dennoch gelang es vielen, sich über Jahre mehr oder weniger illegal in Frankfurt aufzuhalten. Ein Teil von ihnen wohnte im Fremdenhospital, das nicht nur ein Krankenhaus war, sondern häufig auch Arme über mehrere Jahre aufnahm. Durchreisende Arme versorgte die Gemeindeverwaltung über das sogenannte Plettensystem. Jede Familie gab kleine Plättchen bei der Gemeindeverwaltung ab, die an Arme weiterverteilt wurden, die dadurch das Recht erhielten, eine Mahlzeit in dieser Familie einzunehmen. Mitte des 18. Jahrhunderts finanzierte die Gemeinde auf diesem Wege bis zu 500 Mahlzeiten pro Woche für die durchreisenden armen Fremden. Dies spiegelt auch die Situation wider, dass über die Hälfte der jüdischen Bevölkerung Deutschlands im 18. Jahrhundert an keinem Ort ein festes Aufenthaltsrecht hatte, sehr arm war und durchs Land zog, um irgendwo eine Existenz zu finden. Das Hospital und die Armenfürsorge wurden von einem Hospitalmeister organisiert – eines der Ehrenämter der Gemeinde, das nur an Personen mit großem eigenen Vermögen vergeben wurde.

## Gerichtsbarkeit

Die Gemeinde beschäftigte eine wachsende Gruppe von Angestellten, darunter den Gemeindeklopfer, der morgens an die Türen klopfte, um zum Gottesdienst in die Synagoge zu rufen, die Angestellten der Hospitäler, den Vorsänger und auch vier Gemeindeärzte. Eine besondere Rolle spielte der von der Gemeinde bestellte Rabbiner.[25] Er leitete das Bet Din, das Gericht, das aus drei Rabbinern bestand. Es war für alle Fragen zuständig, die das jüdische Recht regelten. In der Praxis der Judengasse waren dies vor allem Erbschaftsfragen, Häuserkäufe, Scheidungen, geschäftliche Auseinandersetzungen und Vormundschaftsfragen.[26] Das Bet Din hatte die Möglichkeit, als stärkste Strafe den großen oder kleinen Bann zu verhängen. Der vom kleinen Bann Betroffene durfte nicht mehr die Synagoge besuchen, der Umgang mit ihm war sehr eingeschränkt, seine Frau durfte keinen sexuellen Umgang mit ihm haben. Der große Bann bedeutete den kompletten

Ausschluss aus der Gemeinschaft und damit den „sozialen Tod" des Betreffenden. Trotz der starken innerjüdischen Gerichtsbarkeit und dem Bestreben, die Gemeindemitglieder vor dem Gang an die städtischen Gerichte zurückzuhalten, landeten dort nicht nur kriminelle Taten wie Diebstahl, Mord oder Gewalttätigkeiten, sondern auch innerjüdische Streitigkeiten, wenn einer der Kontrahenten glaubte, vor dem Bet Din oder den Baumeistern nicht zu seinem Recht gekommen zu sein.

Von der Frankfurter Gemeinde ging 1603 auch der Versuch aus, eine zentrale reichsweite Organisation der Juden in Deutschland zu schaffen. Zur Herbstmesse dieses Jahres versammelten sich 24 Rabbiner und andere führende Persönlichkeiten aus ganz Deutschland und fassten eine Reihe von Beschlüssen.[27] Sie schufen fünf zentrale Gerichtshöfe, darunter Frankfurt, die bei innerjüdischen Streitigkeiten als Berufungsinstanz dienen sollten. Eine Anrufung christlicher Gerichte in innerjüdischen Angelegenheiten wurde verboten. Eine künftig von jedem Juden erhobene Abgabe sollte für gemeinsame Zwecke eingesetzt werden und die reichsunmittelbare Stellung der Juden stärken. Weitere Beschlüsse dienten dazu, den Kontakt zu den Christen zu regulieren. Insbesondere wurde vor dem Besuch von Gasthäusern gewarnt und eine besondere Kleidung zur Unterscheidung von den Christen gefordert. Die Beschlüsse konnten jedoch nicht umgesetzt werden, da einer der Teilnehmer die Versammlung beim Erzbischof von Köln als Verschwörung gegen die Rechte des Kaisers und der Fürsten denunzierte und eine umfassende Untersuchung insbesondere gegen die Frankfurter Juden in Gang setzte. Ihre Initiative zeigt aber die zentrale Bedeutung, die Frankfurt für die Juden in Deutschland im 16. Jahrhundert gewonnen hatte.

## Eingriffe des Rates

Die zunehmende Unübersichtlichkeit im 16. Jahrhundert versuchte der Rat durch den Erlass immer neuer Vorschriften zu regeln.[28] Sie sollten vor allem die Kontakte zwischen Christen und Juden reglementieren und möglichst auch reduzieren, gleichzeitig griff der Rat in die inneren Angelegenheiten der Gemeinde ein und bestimmte zum Beispiel, dass bei einer

Gesamtversammlung der Gemeinde in der Synagoge alle teilnehmen müssten und auch die, die verhindert seien, an die Entschlüsse gebunden sein sollten. Andere Vorschriften regelten die Modalitäten des Kreditgeschäfts, beschränkten die Handelsgeschäfte der Juden oder erließen bestimmte Kennzeichnungsauflagen, so einen gelben Kreis auf dem Mantel und das Tragen bestimmter Kappen. Im Laufe des 16. Jahrhunderts wuchs die Zahl dieser Vorschriften auf über 100 an. Sie wurden in der sogenannten Stättigkeit gesammelt – ein Begriff, der sowohl das Aufenthaltsrecht wie die damit verbundenen Regelungen bezeichnet. Diese wurden von den zuständigen städtischen Beamten, den Rechenmeistern, schriftlich fixiert, und einmal im Jahr in der Synagoge der Gemeinde verlesen. Dies hatte zur Folge, dass viele dieser Bestimmungen schnell vergessen und vermutlich häufig ignoriert wurden. Wie unübersichtlich die Situation war, zeigt das Beispiel des David zur Goldenen Scheuer.[29] 1576 hatte er bankrott gemacht, weswegen ihm vom Rat das Aufenthaltsrecht entzogen worden war. 14 Jahre später stellte der Rat zufällig fest, dass David immer noch mit seiner Familie in Frankfurt wohnte. Er sollte daher innerhalb von 14 Tagen die Stadt verlassen, andernfalls würde er durch einen der Henkersknechte aus der Stadt geführt. Auch diese Drohung blieb jedoch folgenlos, da fast ein halbes Jahr später erneut an den Ausweisungsbeschluss erinnert werden musste.

Dies ist ein Beispiel für die Differenz zwischen den vom Rat aufgestellten Normen und ihrer Einhaltung im Alltag. Juden trugen offensichtlich häufig nicht die eigentlich vorgeschriebenen Zeichen, handelten mit Gütern, die ihnen untersagt waren, und unterliefen die restriktiven Aufenthaltsbestimmungen, so dass die Bevölkerungszahl der Judengasse vermutlich sehr viel höher war als die vom Rat durchgeführten Zählungen erfassten. Auch die Gemeindeführung versuchte der Unübersichtlichkeit Herr zu werden. Sie nahm Einfluss auf die Zu- und Abwanderung in die Gasse, plädierte für die Ausweisung missliebiger Gemeindemitglieder oder intervenierte gegen die Aufnahme von Zuwanderern, die als Konkurrenten empfunden wurden oder in Streitigkeiten mit Frankfurter Juden verstrickt waren.

## Der Fettmilch-Aufstand

Frankfurt wandelte sich im 16. Jahrhundert erheblich. Die Verdoppelung der Bevölkerung, die Einwanderung kapitalstarker calvinistischer Gruppen, die jedoch keinen Anteil an der von einer kleinen Gruppe von patrizischen Familien beherrschten Stadtregierung erhielten, schufen zu Beginn des 17. Jahrhunderts ein Klima zunehmender Spannungen und Auseinandersetzungen. Sie kulminierten im Aufstand gegen den Rat, der während der Kaiserwahl 1612 ausbrach.[30] Die Opposition hatte Erfolg, die Verfassung der Stadt wurde zugunsten der Bürgerschaft verändert, die Patrizier verloren ihre Macht, viele adelige Familien verließen die Stadt. Die Forderungen der bürgerlichen Opposition richteten sich von Beginn an auch gegen die Juden der Stadt. Ihre Zahl sollte vermindert, die Höhe der von ihnen geforderten Kreditzinsen beschränkt werden. Im Prinzip zielten die antijüdischen Forderungen und Klagen aber auf eine vollständige Vertreibung der Gemeinde. Mit Gewalt und Terror erreichten die radikalen Anführer der Opposition 1613, dass ein Teil der Juden, darunter vor allem die Ärmeren, Frankfurt verlassen musste. Viele zogen aus Angst von Frankfurt fort, um dem angedrohten Pogrom zu entgehen.

Am 1. September 1614 stürmte tatsächlich eine wütende Menge, darunter zahlreiche Bürger und Handwerksknechte, unter Führung von Vinzenz Fettmilch die Judengasse. Die Bewohner verschlossen die Tore und verteidigten sich gegen den Ansturm. Am Ende des Tages gelang es den Angreifern, in die Gasse einzudringen. Die Juden wurden auf dem Friedhof zusammengetrieben und verbrachten dort eine Nacht in Angst und Schrecken, bevor ihnen Vinzenz Fettmilch am kommenden Morgen ihre Ausweisung aus Frankfurt verkündete. Sie verließen die Stadt in Richtung Hanau, Offenbach und Mainz und fanden Unterkunft in den Orten der Umgebung. Ihre Häuser wurden geplündert und ihr Besitz fortgeschleppt.

Der Angriff auf die Judengasse war der Wendepunkt im Fettmilch-Aufstand. Der Kaiser nahm die Verletzung seiner Rechte nicht hin, verhängte die Reichsacht über die Anführer des Aufstands und alle, die ihnen geholfen hatten. Benachbarte Territorialfürsten wurden mit der Wiederherstellung der alten Ordnung beauftragt. Unter diesem Druck brach der Aufstand zusammen, die Anführer wurden verhaftet und die Herrschaft des Patriziats wiederhergestellt. Über die Bewohner der Stadt, die am Aufstand teilgenommen hatten, verhängte der Kaiser zahlreiche Strafen, die Anführer wurden vor den Augen der ganzen Stadt auf dem Roßmarkt im Januar 1616 hingerichtet, ihre Köpfe zur Abschreckung am Brückenturm befestigt. Am Tag der Hinrichtung wurden die Juden unter dem Geleit kaiserlicher Truppen demonstrativ in die Stadt und ihre Gasse zurückgeführt. An den Toren befestigten die Soldaten den kaiserlichen Adler als Zeichen des Schutzes.

Die Stättigkeit mit ihren vom Rat erlassenen Bestimmungen wurde vom Kaiser mit einigen bedeutsamen Veränderungen bestätigt. Das Aufenthaltsrecht war nicht mehr auf drei Jahre beschränkt. Die Zahl der zugelassenen Familien wurde zwar auf 500 begrenzt, die Zahl der jährlichen Heiraten auf zwölf, um der Forderung der Bürger nach einer Obergrenze Genüge zu tun. Dennoch stellte die vom Kaiser garantierte Stättigkeit, die erstmals offiziell gedruckt wurde, einen erheblichen Zuwachs an Rechtssicherheit dar. Die jüdische Gemeinde bezeichnete sie sogar als ihr „höchstes Kleinod“.[31] Als konkurrierende Kaufleute und der Rat den Juden im 18. Jahrhundert den Handel mit neuen Waren aus den Kolonien wie Zucker, Kaffee oder Tee verbieten wollten, wehrte sich die Gemeinde vor dem kaiserlichen Gericht erfolgreich mit Verweis auf die Stättigkeit. Ihr Argument: Was ihnen dort nicht ausdrücklich untersagt sei, wäre ihnen erlaubt.

Die Rettung im Fettmilch-Aufstand und ihre Rückkehr in ihre Gasse feierten die Frankfurter Juden mit einem eigenen Feiertag – dem Vinz-Purim in Anlehnung an Purim, das an die Errettung der persischen Juden erinnerte.[32] Jährlich wurde dabei ein Lied in jiddischer Sprache vorgetragen, das in über 100 Strophen die Ereignisse in Frankfurt, die wundersame Errettung und die Bestrafung von Vinzenz Fettmilch schilderte. Eingesetzt wurde der neue Feiertag von Yuzpa Hahn, dem führenden Gelehrten der jüdischen Gemeinde in den ersten Jahrzehnten des 17. Jahrhunderts. In seinem Werk „Yosef Omez“ beschreibt er eindringlich den Fettmilch-Aufstand und insbesondere die Rückkehr in die Gasse. Sein Buch ist aber vor allem eine

Zusammenstellung der in Frankfurt üblichen Gebräuche und behandelt Fragen des religiösen Lebens, der Liturgie, der Erziehung und des Unterrichts.[33]

## Konflikte

Seit der Rückführung in die Judengasse unter kaiserlichem Schutz war die Existenz der Juden in Frankfurt nicht mehr gefährdet. Sie blieben jedoch nicht von Konflikten verschont, die im 17. und 18. Jahrhundert die Judengasse mehrfach erschütterten. Beispielhaft sind die Kulp-Kannschen Wirren, die 1749 durch die Konkurrenz zweier führender Persönlichkeiten ausgelöst wurden.[34] Isaak Kann stammte aus einer Familie, die bereits seit dem 16. Jahrhundert innerhalb der Judengasse eine führende Rolle spielte und über Generationen die wichtigsten Ämter in der Gemeinde bekleidet hatte. Ihm zur Seite stand sein Bruder, der als angesehener Rabbiner besondere Autorität genoss. Isaak Kann stand in enger Verbindung mit dem Erzbischof von Mainz und leitete seit Jahrzehnten die Gemeindefinanzen. Hieran entzündete sich auch der Konflikt, da ihm seine Gegner mit David Meyer Kulp an der Spitze vorwarfen, die Rechnungen seit Jahrzehnten nicht mehr offenzulegen und die Gemeinde diktatorisch zu beherrschen. David Meyer Kulp war Hoffaktor des Kaisers und Mitglied des Gemeindevorstands. Um die beiden führenden Köpfe sammelten sich starke Fraktionen, die den Streit auch nach außen trugen und den Rat, den Kaiserhof und eine Reihe anderer Fürsten einschalteten. Der Konflikt zog sich über Jahre hin und führte immer wieder zu heftigen öffentlichen Schmähungen und gewalttätigen Ausbrüchen innerhalb der Gasse. Der Rat ließ sogar Militär in der Judengasse stationieren, um die Gewalttaten einzudämmen.

Dieser Konflikt war nicht der erste, der die nach außen so geschlossen wirkende Gemeinschaft erschütterte. 1676 war es zu einem ähnlichen Konflikt gekommen, als Isaak Kann, der Großvater des Protagonisten von 1750, gegen Abraham Drach, der zu dieser Zeit die herrschende Stellung innerhalb der Gemeinde einnahm, eine Protestbewegung in Gang setzte.[35] Mit welchen Mitteln innerhalb der Gasse gekämpft wurde, zeigt ein in den städtischen

Akten dokumentierter Vorfall aus dem November 1681. Isaak Kann nutzte die Hochzeitsfeierlichkeiten seiner Tochter zu einem karnevalsähnlichen Aufmarsch in der Judengasse, bei dem Anhänger von Isaak Kann sich als Abraham Drach, seine Frau Sara, ihre blinde Tochter und ihr Schwiegersohn verkleideten und, sie so verspottend und verhöhnend, durch die Judengasse zogen. Auch ab 1620 war es zu ähnlichen heftigen Konflikten gekommen, wobei alle diese Auseinandersetzungen eine vergleichbare Struktur zeigten.[36] An der Spitze standen Mitglieder der Oberschicht, um die sich ein großer Teil der Gemeinde gruppierte, der familiär, wirtschaftlich und klientelartig miteinander verbunden war. Im Prinzip ging es um den Einfluss in den Gremien der Gemeinde und die Kontrolle der Gemeindefinanzen. Am Ende der Konflikte standen Kompromissmodelle, die eine stärkere Partizipation breiter Kreise und die Kontrolle der Gemeindeführung zum Ziel hatten. Es bestand aber immer die Gefahr, dass sich einzelne Persönlichkeiten aus der Führungsschicht eine herausragende Position schufen, die von ihren Konkurrenten als diktatorisch empfunden wurde. Das Besondere war, dass diese schweren Konflikte nicht intern gelöst werden konnten, sondern auch die enge Vernetzung der führenden Familien mit dem Rat, dem Kaiserhof und verschiedenen Fürstenhöfen zeigten.

## Gemeinsamer kultureller Raum

Die räumliche Abgeschlossenheit der Judengasse darf nicht darüber hinwegtäuschen, dass sie Teil eines gemeinsamen politischen und in vieler Hinsicht auch kulturellen Raumes war. Charakteristisch ist der Bericht Johann Wolfgang von Goethes in „Dichtung und Wahrheit“, wie er als junger Mann, aufgewachsen in einer angesehenen Frankfurter Bürgerfamilie, die Judengasse wahrnahm: Zuerst ein Ort des Schreckens, in den er sich nicht hineintraute, geprägt durch die Geschichten über Ritualmorde und das große Wandbild am Brückenturm, das die Juden drastisch verspottete und mit dem Teufel in Verbindung brachte.[37] Als er, getrieben von Neugier, die Gasse erkundete, veränderte sich sein Bild. Über die Verbindungen seiner Familie – der Großvater hatte als Stadtschultheiß das höchste städtische

Richteramt innegehabt – wurde er eingeladen, nahm an Feiern und religiösen Zeremonien teil und revidierte sein Bild der Frankfurter Juden. Wir wissen nicht, wie seine jüdischen Gastgeber die Begegnung mit dem jungen Patriziersohn wahrnahmen: als lästige Pflichtübung aufgrund seines wichtigen Großvaters oder als Chance, die Vorurteile eines jungen Christen zu erschüttern. Goethe war kein Einzelfall. Seit dem 17. Jahrhundert war die Judengasse für Reisende, die Frankfurt besuchten, zu einer Art schauerlichen Sehenswürdigkeit geworden, geprägt durch die Enge der Bebauung und die vielen Menschen, die dort lebten oder als Kunden zu Besuch kamen.[38]

Ein großer Teil der jüdischen Bevölkerung lebte seit dem 17. Jahrhundert vom Warenhandel.[39] An der Spitze standen die sogenannten Hoffaktoren, die von einem oder mehreren Fürstenhöfen mit Titeln versehen worden waren und diese mit Luxuswaren und Krediten versorgten oder auch die Heere belieferten. Ihre herausgehobene Stellung zeigt das Privileg, die Judengasse auch an Sonn- und Feiertagen betreten oder verlassen zu dürfen, um ihre fürstliche Kundschaft aufzusuchen. Sehr viele Häuser der Judengasse enthielten Warenlager und boten für Frankfurter ebenso wie für Durchreisende eine Möglichkeit, günstig einzukaufen. Viele der Händler waren in der Stadt unterwegs, um ihre Waren in den Wirtshäusern anzubieten, oder zogen in die Dörfer und Kleinstädte der Umgebung. Die Familien, die ein festes Aufenthaltsrecht besaßen und in der Regel über ein Mindestvermögen verfügten, bildeten jedoch nur einen Teil der Bewohner der Judengasse. Fast jede Familie hatte einen oder mehrere Dienstboten, die aus den armen Gemeinden des Umlands stammten und deren Existenz sehr fragil war. Verloren sie ihre Stellung, mussten sie Frankfurt wieder verlassen oder eine illegale Existenz innerhalb der Gasse führen und sich mit Gelegenheitsarbeiten durchschlagen.

## Brandkatastrophen

Die wirtschaftliche Situation vieler jüdischer Familien wurde durch zwei Großbrände erschüttert, die 1711 und 1721 die Judengasse zerstörten. 1711 brach das Feuer im Haus des Rabbiners Naphtali Cohen aus und legte innerhalb einer Nacht alle Häuser der Gasse in Schutt und Asche.[40] Während die Synagoge in einer gemeinsamen Anstrengung aller Gemeindemitglieder innerhalb kurzer Zeit in der alten gotischen Form wiederaufgebaut werden konnte, dauerte der Wiederaufbau der Wohnhäuser einige Jahre. Kurz nach dem Abschluss der Bauarbeiten brach ein zweites Großfeuer aus, in dem abermals fast die Hälfte der neu errichteten Häuser zerstört wurde. Beide Katastrophen waren eine Ursache für die Verarmung vieler Familien. Mitte des 18. Jahrhunderts waren 200 der 500 Familien aufgrund ihrer Not von der Gemeindesteuer befreit. Der um sich greifenden Not begegneten die Bewohner der Judengasse durch die Gründung zahlreicher wohltätiger Stiftungen. So führte der Fall eines einsam und verarmt verstorbenen Bewohners der Judengasse zur Gründung einer Männerkrankenkasse, der bald darauf eine Krankenkasse für die Frauen folgte. Am Friedhof wurden Hospitalhäuschen errichtet, die im Unterschied zu den bisherigen Hospitälern nicht für Fremde, sondern für die Frankfurter Juden bestimmt waren.

## Das Ende des Ghettos

Mit der Aufklärung und der Französischen Revolution wurde die Frankfurter Judengasse immer stärker als Skandal empfunden.[41] Die Absperrung in einem Ghetto und die Vielzahl der Beschränkungen widersprachen den Menschen- und Bürgerrechten, die für die Juden wie für alle Menschen gelten sollten. Die Autoren der Aufklärung ebenso wie ihre Anhänger innerhalb der Judengasse sahen das Ghetto als verantwortlich für die Beharrung in der Orthodoxie an, die viele Juden an Fortschritt und Emanzipation hinderte. Der Kampf zwischen Orthodoxen und „Neologen", wie sie genannt wurden, prägte die jüdische Gemeinschaft über Jahrzehnte. Im Mittelpunkt stand die Frage, wie das Judentum in der Auseinandersetzung mit der Moderne bewahrt werden könne und welche Anpassungen und Veränderungen notwendig seien.

1796 geriet der nördliche Teil der Judengasse bei der Beschießung Frankfurts durch französische Truppen zufällig in Brand.[42] Die Bewohner mussten Unterkunft in anderen Teilen der Stadt suchen. Trotz der Versuche der Stadtregierung, das Ghetto wiederherzustellen, scheiterten alle entsprechenden Pläne. Unter dem Fürstprimas Dalberg, der das von Napoleon eingerichtete Großherzogtum Frankfurt regierte, konnte die Gemeinde 1811 gegen die Zahlung von 440 000 Gulden auch die rechtliche Gleichstellung mit den christlichen Bürgern erreichen. Nach dem Zusammenbruch der napoleonischen Herrschaft und der Wiederherstellung der freien Stadt Frankfurt wurden die Bürgerrechte der Juden wieder kassiert und erst nach langen Verhandlungen 1824 eine privatrechtliche Gleichstellung erreicht. Eine politische Mitbeteiligung verweigerte jedoch die Bürgerschaft, die Zahl der jährlich erlaubten Eheschließungen blieb beschränkt. Erst 1864 erreichten die Frankfurter Juden die endgültige Gleichberechtigung als Frankfurter Bürger.

Die meisten Familien hatten zu diesem Zeitpunkt die Judengasse verlassen und sich in den neu entstandenen modernen Wohnvierteln niedergelassen. Die Synagoge wurde 1852 abgerissen und durch einen repräsentativen Neubau in gotisch-orientalischem Stil ersetzt, der 1860 feierlich eingeweiht wurde. Die alten Häuser der Judengasse wurden zunehmend als düstere Relikte einer überwundenen Vergangenheit empfunden. Der planmäßige Abriss begann 1867 und wurde 1887 abgeschlossen. Die alte Gasse wurde verbreitert und modern bebaut. Die Benennung nach Ludwig Börne war der vorerst letzte Akt in der Geschichte der Judengasse, die knapp 100 Jahre nach ihrem Abriss wieder ans Tageslicht trat.

1 Egon Wamers, Markus Grossbach, Die Judengasse in Frankfurt am Main. Ergebnisse der archäologischen Untersuchungen am Börneplatz, Stuttgart 2000.
2 Isidor Kracauer, Geschichte der Juden in Frankfurt a. M (1150 - 1824), 2 Bde., Frankfurt am Main 1925 - 1927.
3 Fritz Backhaus, Zur Situation der Frankfurter Juden im 14. Jahrhundert, in: Volker Gallé, Klaus Wolf, Ralf Rothenbusch (Hg.), Das Wormser Passionsspiel. Versuch, die großen Bilder zu lesen, Worms 2013, S. 83 - 100 mit weiterer Literatur.
4 Felicitas Schmieder, „Wie andere Bürger“ - Eine (Rechts)Geschichte der mittelalterlichen Stadt. Frankfurt am Main im Licht des kirchlichen Anteils davon, in: Archiv für Frankfurts Geschichte und Kunst 66, 2000, S. 78 - 94, hier S. 92 f.
5 Johannes Heil, Vorgeschichte und Hintergründe des Frankfurter Pogroms von 1349, in: Hessisches Jahrbuch für Landesgeschichte 41, 1991, S. 105 - 149.

6 Dietrich Andernacht, Michael Lenarz, Frankfurt am Main, in: Germania Judaica, Bd. 3,1, hg. von Arye Maimon in Zusammenarbeit mit Yacov Guggenheim, Tübingen 1987, S. 346 - 393; Franz-Josef Ziwes, Studien zur Geschichte der Juden im mittleren Rheingebiet während des hohen und späten Mittelalters (Forschungen zur Geschichte der Juden A 1), Hannover 1995, S. 80 ff.

7 Backhaus, 14. Jahrhundert (wie Anm. 3), S. 83 f.

8 Fritz Backhaus (Hg.), „Und groß war bei der Tochter Jehudas Jammer und Klage ...". Die Ermordung der Frankfurter Juden 1241 (Schriftenreihe des Jüdischen Museums Frankfurt am Main 1), Sigmaringen 1995; Heil, Vorgeschichte (wie Anm. 5).

9 Margarete Schlüter, Die sogenannte Erste Frankfurter Judenschlacht. Das Pogrom von 1241 in der jüdischen Überlieferung, in: Backhaus, Ermordung (wie Anm. 8), S. 93 - 114.

10 Michael Brocke, Der alte jüdische Friedhof zu Frankfurt am Main. Unbekannte Denkmäler und Inschriften, Sigmaringen 1996.

11 Zum Folgenden vgl. Fritz Backhaus, Die Einrichtung eines Ghettos für die Frankfurter Juden im Jahre 1462, in: Hessisches Jahrbuch für Landesgeschichte 39, 1989, S. 59 - 86; vgl. allgemein Friedhelm Burgard, Alfred Haverkamp, Gerd Mentgen (Hg.), Judenvertreibungen in Mittelalter und früher Neuzeit (Forschungen zur Geschichte der Juden A 9), Hannover 1999.

12 Dietrich Andernacht, Regesten zur Geschichte der Juden in der Reichsstadt Frankfurt am Main 1401 - 1519, 4 Bde. (Forschungen zur Geschichte der Juden B 1,1 - 4), Bd. 1,1, Nr. 712, 1213.

13 Ebd., Nr. 1213.

14 Andernacht, Regesten, Bd. 1,2 (wie Anm. 12), Nr. 1766; Fritz Backhaus, Die Bevölkerungsexplosion in der Frankfurter Judengasse des 16. Jahrhunderts, in: Fritz Backhaus, Gisela Engel, Robert Liberles, Margarete Schlüter (Hg.), Die Frankfurter Judengasse. Jüdisches Leben in der frühen Neuzeit, 2. Aufl., Frankfurt am Main 2006, S. 103 - 117, hier S. 104 f.

15 Andernacht, Regesten, Bd. 1,2 (wie Anm. 12), Nr. 1766.

16 Arye Maimon, Der Judenvertreibungsversuch Albrechts II. von Mainz und sein Mißerfolg, in: Jahrbuch für Westdeutsche Landesgeschichte 4, 1978, S. 191 - 220; Fritz Backhaus, „Daß die Begünstigung der Juden und Bluthunde so groß sei ..." Juden und Patriziat im alten Frankfurt, in: Archiv für Frankfurts Geschichte und Kunst 68, 2002, S. 125 - 150, hier S. 131 f.

17 Isidor Kracauer, Die Konfiskation der hebräischen Schriften in Frankfurt am Main in den Jahren 1509 und 1510, in: Zeitschrift für die Geschichte der Juden in Deutschland 1, 1887, S. 160 - 176, 230 - 234; ders., Actenstücke zur Confiskation der hebräischen Schriften in Frankfurt a. M., in: Monatsschrift für Geschichte und Wissenschaft des Judentums N.F. 8, 1900, S. 114 - 126, 167 - 177, 220 - 234; David H. Price, Johannes Reuchlin und der Judenbücherstreit, in: Sönke Lorenz, Dieter Mertens (Hg.), Johannes Reuchlin und der „Judenbücherstreit" (Tübinger Bausteine zur Landesgeschichte 22), Ostfildern 2013, S. 55 - 82, ders., Johannes Reuchlin and the Campaign to Destroy Jewish Books, Oxford 2011.

18 Backhaus, Bevölkerungsexplosion (wie Anm. 14); Thorsten Burger, Frankfurt am Main als jüdisches Migrationsziel zu Beginn der Frühen Neuzeit. Rechtliche, wirtschaftliche und soziale Bedingungen für das Leben in der Judengasse (Schriften der Kommission für die Geschichte der Juden in Hessen 28), Wiesbaden 2013.

19 Isidor Kracauer, Die Geschichte der Judengasse in Frankfurt am Main, in: Festschrift der Realschule der israelitischen Gemeinde (Philanthropin), Frankfurt am Main 1904, S. 303-463.

20 Vgl. Andreas Gotzmann, Jüdische Autonomie in der Frühen Neuzeit (Hamburger Beiträge zur Geschichte der deutschen Juden 32), Göttingen 2008, S. 149 ff., 211 f.; Burger, Frankfurt (wie Anm. 18), S. 86 ff.

21 Gotzmann, Autonomie (wie Anm. 20), S. 275 f.

22 Rotraud Ries, Die Mitte des Netzes. Zur zentralen Rolle Frankfurts für die Judenschaft im Reich (16.-18. Jahrhundert), in: Frankfurter Judengasse (wie Anm. 14), S. 118-130; Cilli Kasper-Holtkotte, Die jüdische Gemeinde in der Frühen Neuzeit. Familien, Netzwerke und Konflikte eines jüdischen Zentrums, Berlin/New York 2010, S. 337 ff., 396 ff.

23 Fritz Backhaus, „Im Heckhuß die Lahmen, Blinden und Hungerleider ..." Die sozialen Institutionen in der Frankfurter Judengasse, in: Stefi Jersch-Wenzel (Hg.), Juden und Armut in Mittel- und Osteuropa, Köln u. a. 2000, S. 31-54, hier S. 46 ff.

24 Kracauer, Geschichte, Bd. 2 (wie Anm. 2), S. 114 ff.; Backhaus, Heckhuß (wie Anm. 23), S. 51 f.

25 Kracauer, Geschichte, Bd. 2 (wie Anm. 2), S. 179 ff.

26 Vgl. Edward Fram, A Window on Their World. The Court Diaries of Rabbi Ḥayyim Gundersheim, Frankfurt am Main, 1773-1794, Cincinnati/Ohio 2012.

27 Birgit Klein, Wohltat und Hochverrat. Kurfürst Ernst von Köln, Juda bar Chajjim und die Juden im alten Reich, Hildesheim 2003.

28 Zum Folgenden s. Burger, Frankfurt (wie Anm. 18), S. 150 ff.

29 Backhaus, Bevölkerungsexplosion (wie Anm. 14), S. 110.

30 Zum Folgenden vgl. Backhaus, Juden und Patriziat (wie Anm. 16), S. 141 ff.; Matthias Meyn, Die Reichsstadt Frankfurt vor dem Bürgeraufstand von 1612 bis 1614. Struktur und Krise, Frankfurt am Main 1980; Isidor Kracauer, Die Juden Frankfurts im Fettmilch'schen Aufstand 1612-1618, in: Zeitschrift für die Geschichte der Juden in Deutschland 4, 1890, S. 127-169, 319-365, und 5, 1891, S. 1-26; Daniel Dornhofer, Matthias 1612-1616. Vertreibung und Rettung, in: Evelyn Brockhoff, Jan Gerchow, Raphael Gross, August Heuser (Hg.), Die Kaisermacher. Frankfurt am Main und die Goldene Bulle 1356-1806, Frankfurt am Main 2006, S. 476-499.

31 Kracauer, Geschichte, Bd. 2 (wie Anm. 2), S. 370; vgl. Verena Kasper-Marienberg, Zwischen Magistrat und Kaiser - rechtliche Handlungsspielräume der Frankfurter Jüdischen Gemeinde am Ende des 18. Jahrhunderts, in: Stefan Ehrenpreis, Andreas Gotzmann, Stephan Wendehorst (Hg.), Kaiser und Reich in der jüdischen Lokalgeschichte, München 2013, S. 263-280.

32 Rivka Ulmer, Turmoil, Trauma, and Triumph. The Fettmilch Uprising in Frankfurt am Main (1612–1616) according to Megillas Vintz. A Critical Edition of the Yiddish and Hebrew Text including an English Translation, Bern/Frankfurt am Main 2001.

33 Chava Fraenkel-Goldschmidt, Jüdische Religion und Kultur in Frankfurt am Main im 16. und 17. Jahrhundert–Yuzpa Hahn und sein Werk Yosef Omez, in: Karl E. Grözinger, Jüdische Kultur in Frankfurt am Main von den Anfängen bis zur Gegenwart. Ein internationales Symposium der Johann Wolfgang Goethe-Universität Frankfurt am Main und des Franz Rosenzweig Research Center for German-Jewish Literature and Cultural History Jerusalem (Jüdische Kultur. Studien zur Geistesgeschichte. Religion und Literatur 1), Wiesbaden 1997, S. 101–121.

34 Zum Folgenden vgl. Gotzmann, Autonomie (wie Anm. 20), S. 595 ff.; Isidor Kracauer, Die Kulp-Kannschen Wirren. Ein Beitrag zur Geschichte der jüdischen Gemeinde in Frankfurt a. M. im 18. Jahrhundert, in: Archiv für Frankfurts Geschichte und Kunst 10, 1910, S. 135–213.

35 Kasper-Holtkotte, Gemeinde (wie Anm. 22), S. 274 ff.

36 Wolfgang Treue, Ratsherren und Rabbiner. Eliten und Herrschaftsformen im frühneuzeitlichen Frankfurt, in: Frankfurter Judengasse (wie Anm. 14), S. 200–212.

37 Johann Wolfgang von Goethe, Aus meinem Leben. Dichtung und Wahrheit. Erster Teil, 4. Buch, in: Goethes Werke. Hamburger Ausgabe in 14 Bänden. Textkritisch durchgesehen und mit Anmerkungen versehen von Erich Trunz, Hamburg 1948 ff., hier Bd. 9, S. 148 f.; vgl. Annette Weber (Hg.), „Außerdem waren sie ja auch Menschen“. Goethes Begegnung mit Juden und Judentum (Schriftenreihe des Jüdischen Museums Frankfurt am Main 7), Berlin/Wien 2000.

38 Vgl. Gabriela Schlick, Was Johann Wolfgang Goethe hätte sehen können ... Die Judengasse in Frankfurt am Main, in: Weber, Goethes Begegnung (wie Anm. 37), S. 47–66, hier S. 53 ff.

39 Kracauer, Geschichte, Bd. 2 (wie Anm. 2), S. 108 ff.

40 Ebd., S. 121 ff.

41 Robert Liberles, „If only they had worn their cocarde“: The End of the Frankfurt Ghetto, a Process, not an Event, in: Fritz Backhaus, Gisela Engel, Gundula Grebner, Robert Liberles (Hg.), Frühneuzeitliche Ghettos in Europa im Vergleich (Frankfurter Kulturwissenschaftliche Beiträge 15), Berlin 2012, S. 445–460.

42 Kracauer, Geschichte, Bd. 2 (wie Anm. 2), S. 318 ff.

Judengasse von Norden
Theodor Creifelds (1813 - 1875)
Frankfurt am Main, um 1870, Fotografie
Historisches Museum Frankfurt

# Ort der Erinnerung: Von der Judengasse zum Börneplatz

Felicitas Heimann-Jelinek

*Die Vergangenheit verträgt alles,*
*nur nicht den Augenschein von dem, was aus ihr geworden ist.*

Ludwig Marcuse[1]

## Einleitung

Das Museum Judengasse ist ein Erinnerungsort, der mehrdeutig und mehrschichtig ist. Eindeutige Bespielschichten im Sinne von Inszenierungsebenen sind die erhaltenen Fundamente der ehemaligen Frankfurter Judengasse aus der Frühen Neuzeit. Mehrdeutig sind die „Gedenkstätte am Neuen Börneplatz für die von Nationalsozialisten vernichtete dritte jüdische Gemeinde in Frankfurt am Main" und die in den Bau der Stadtwerke integrierte Dependance des Jüdischen Museums Frankfurt, das Museum Judengasse. Im neu gestalteten Museum Judengasse wird nicht nur die Erinnerung an die historische Judengasse und ihre spezifische Bedeutung erzeugt. Vielmehr soll hier das historische und kulturelle Gedächtnis der Stadt durch die damit verbundene Erinnerung an die jüngere Vergangenheit aktiviert werden. Mit jüngerer Vergangenheit ist der sogenannte Börneplatz-Konflikt gemeint, der 1987 nicht nur die Frankfurter, sondern deutschlandweit die ganze historisch interessierte Öffentlichkeit beschäftigte. Im Zusammenhang mit diesem Konflikt wurde das erste Mal in der deutschen Nachkriegsgeschichte die Frage gestellt, wie mit Überresten materiellen jüdischen Kulturgutes adäquat umzugehen sei. In der offiziellen Erinnerungspolitik hatte bis zu dieser Zeit die Vertreibung und Ermordung der Juden in der NS-Zeit im Fokus gestanden. Erhaltene materielle – und auch immaterielle – Zeugnisse jüdischer Geschichte und Kultur in Deutschland wurden ignoriert oder nur als Illustrationen für sporadische Ausstellungsprojekte bemüht. Die Frage nach dem Umgang mit diesen Zeugnissen gestaltete sich umso komplizierter, als die 1987 gefundenen Überreste sowohl an die jüdisch-deutsche Geschichte Frankfurts im Mittelalter und in der Frühen Neuzeit erinnerten als auch die versuchte Auslöschung jüdischer Kultur in der NS-Zeit belegten. Darüber hinaus fanden sich Hinweise darauf, dass man versucht hatte, noch vorhandene Spuren der Auslöschung zu verwischen. Der Verschränkung dieser Geschichts- und Erinnerungsebenen standen die Politik und der Bauträger am Börneplatz verständnislos gegenüber, während eine Bürgerinitiative genau in dieser Verschränkung die Möglichkeit für einen neuen und ehrlicheren Erinnerungsdiskurs sah.

## Zur neuen Dauerausstellung

Diesen verschiedenen Geschichts- und Erinnerungsebenen musste in der neuen Dauerausstellung im Museum Judengasse Rechnung getragen werden. So wird im Eingangsbereich zunächst jüngste Zeitgeschichte dargestellt, ohne deren Präsentation das Warum und das Wie dieses Ortes nicht verstanden werden kann. So leicht sich das Warum und das Wie des 1988 eröffneten Haupthauses des Jüdischen Museums in einem ehemaligen jüdischen Palais am Untermainkai dem Besucher als gesellschaftspolitische Entscheidung erschließt, die einen endgültigen Bruch mit den langen Nachwehen des Nationalsozialismus symbolisieren soll, so rätselhaft müssen ihm die versteckte Gedenkstätte am Neuen Börneplatz und die verschämt und gleichzeitig brutal ins Untergeschoss der Frankfurter Stadtwerke gepressten fünf Fundamente des ehemaligen Ghettos erscheinen.

Des Rätsels Lösung bietet ein Überblick über eine lange Geschichte auf knappem Raum, der zunächst den Ort als historische Peepshow dekonstruieren will, die sich mancher Besucher von einem Blick in die Judengasse versprechen mag. Erst in einem zweiten Schritt wird dieses Stückchen ehemalige Judengasse als das beleuchtet, was es ist: ein Fragment der Geschichte. Zunächst aber – im ersten Schritt – wird die Fragmentierung dieser Geschichte gezeigt und Zeitgeschichte wiederbelebt, indem der Börneplatz-Konflikt thematisiert wird, ein Konflikt über Erinnerungs- und Deutungshoheiten.

## Judengasse und Börneplatz

1987 wurden bei Bauarbeiten für die Frankfurter Stadtwerke die Fundamente des südlichen Endes der Frankfurter Judengasse freigelegt. Hier befand sich seit 1462 das Ghetto Frankfurts, in dem in der Frühen Neuzeit die größte jüdische Gemeinde Deutschlands lebte. Die Zwangssiedlung, außerhalb derer sich keine Juden niederlassen durften, war von Mauern umgeben. Ihre drei Tore waren nachts und an christlichen Feiertagen geschlossen. Erst als zögerliche Reaktion auf die Aufklärung und im Zusammenhang mit den Napoleonischen Kriegen wurde 1811 der Ghetto-Zwang aufgehoben. Die meisten Einwohner übersiedelten in andere Teile der Innenstadt. Mit der Abwanderung der jüdischen Familien verfiel die Judengasse, auch wenn sie von Touristen als pittoresk und attraktiv angesehen wurde. In den 1870er Jahren beschloss die Stadt den Abbruch des heruntergekommenen Viertels. Zuvor wurden jedoch noch Ansichten festgehalten und materielle Überreste für das historische Gedächtnis eingesammelt, die in der neuen Ausstellung als Anschauungsobjekte für diesen Prozess dienen. Die Frankfurter Juden, seit 1864 endlich gleichberechtigte Bürger, hatten aus emanzipierter Sicht keinen Grund, gegen den Abbruch des „schwärzesten Ghettos Europas“[2] zu protestieren.

1885 wurde die ehemalige Judengasse nach einem ihrer berühmtesten Bewohner, dem Publizisten Ludwig Börne, in Börnestraße umbenannt, der ehemalige Judenmarkt in Börneplatz. Hier ließen die orthodoxen Mitglieder der jüdischen Gemeinde unter Markus Horowitz 1882 die Börneplatz-Synagoge errichten, da ihnen die 1859/60 neu errichtete Hauptsynagoge in ihrer liberalen Ausrichtung nicht entsprach. Architekt des imposanten Bauwerks war Siegfried Kusnitzky. Als Baumaterial wurde roter Main-Sandstein verwendet, ein beliebtes Material für Frankfurts Repräsentationsbauten. Mit seiner Rückseite grenzte das Gotteshaus an den alten jüdischen Friedhof in der Battonnstraße, der – 1180 erstmals urkundlich erwähnt – als der zweitälteste jüdische Friedhof Deutschlands ein kulturhistorisches Denkmal ersten Ranges ist. Er wurde bis 1828 belegt.

Börneplatz-Synagoge
Frankfurt am Main, 1907, Fotografie
Institut für Stadtgeschichte, Frankfurt am Main

1901 wurde die Börneplatz-Synagoge um 400 Plätze erweitert. Aus diesem Anlass wurde eine Medaille entworfen, die im oberen Drittel die neue, im unteren die ehemalige Synagoge Judengasse abbildet. Mit der Referenz auf die alte Synagoge, die von 1711 bis 1854 Zentrum des jüdisch-religiösen Lebens gewesen war, reklamierte die orthodoxe Gemeinde nicht nur ihren Anspruch als direkte Nachfahrin der rechtgläubigen Ghetto-Gemeinde vor dem Bruch mit der liberalen Mehrheitsgemeinde, vielmehr formulierte sie damit auch ihr historisches Bewusstsein dafür, alteingesessenes Frankfurter Bürgertum und integraler Teil der städtischen Gesellschaft zu sein. Sie postulierte damit eine Kontinuität ihrer Geschichte an diesem Ort in Deutschland und rechtfertigte, wie Dan Diner es ausdrückte, „in Form eines defensiven Nationalismus ihre Teilhabe am Nationalstaat“[3].

Diese Teilhabe wurde ihr jedoch alsbald streitig gemacht. In der NS-Zeit war man intensiv darum bemüht, die Erinnerung an die lange jüdische Geschichte Frankfurts auszulöschen. Bereits 1935 wurden Börneplatz und Börnestraße mit Bezug auf das gegenüberliegende Dominikanerkloster in Dominikanerplatz und Dominikanergasse umbenannt.

Wie fast alle anderen jüdischen Gotteshäuser in Frankfurt wurde die Börneplatz-Synagoge während des Novemberpogroms 1938 von den Nazis zerstört. Fotos von der brennenden Synagoge widerlegen die Behauptungen, der Novemberpogrom habe in der Nacht vom 9. auf den 10. November stattgefunden und die meisten Menschen hätten nichts davon gewusst. Sie wurden bei Tag aufgenommen und eine große Menschenmenge schaute dem Geschehen zu. Die anwesende Feuerwehr griff nicht ein.

Die Ruine der Börneplatz- und aller anderer Synagogen war für jedermann sichtbar. Die Frankfurter Bevölkerung war über die Auslöschung jüdisch-materiellen Kulturgutes im Bilde – wenn nicht sogar selbst aktiv beteiligt.

Anfang 1939 wurde die Ruine auf Kosten der jüdischen Gemeinde abgetragen. Noch verwendbare Steine wurden zum Bau einer Mauer an der Eckenheimer Landstraße benutzt. Das Grundstück musste gegen einen Minimalbetrag an die Stadt veräußert werden.

Bereits kurz nach der Machtübernahme der Nazis gab es Pläne für die Umwidmung des Friedhofs in der Battonnstraße. Sie gerieten jedoch wieder in Vergessenheit. Ende 1942 ordnete der Frankfurter Oberbürgermeister Friedrich Krebs die Einebnung des alten jüdischen Friedhofs in der Battonnstraße an, um ihn „als Schuttabladestelle“ zu nutzen. Damit sollten mehr als 6000 steinerne Zeugen jüdischer Stadtgeschichte aus der Erinnerung getilgt werden. Die entsprechende Anweisung ist Exponat der Ausstellung. Aufgrund von Sachzwängen, die den Plänen zuwiderliefen, wurde der Friedhof jedoch nicht eingeebnet. Allerdings wurde er schwer verwüstet, zwei Drittel der Grabstellen wurden 1942 maschinell zertrümmert und 50 Bäume wurden gefällt. Fotos zeigen die Zerstörung des historischen Ensembles. Im selben Jahr wurde auch die jüdische Gemeinde vollständig vernichtet. Wer sich nicht ins Ausland retten konnte, wurde deportiert. 12 000 Frankfurter Juden wurden in den Konzentrationslagern ermordet. Beim Bombenangriff vom 1. August 1942 erlitt der Friedhof Battonnstraße weitere Schäden und wurde nun tatsächlich als Abladeplatz für durch Bomben zerstörte Fenster aus Altstadthäusern missbraucht. Schließlich fiel das gesamte Areal den alliierten Luftangriffen zum Opfer.

Als sich die Überlebenden 1946 hier zu einer Gedenkveranstaltung trafen, gab es nicht nur keine Synagoge am Börneplatz mehr, sondern auch keinen Platz.

Und nicht die Frankfurter, sondern die Militärbehörde nahm sich des Ortes der zerstörten Synagogen und der Überlebenden an: Oberst James R. Newman von der Militärdirektion Groß-Hessen enthüllte eine Gedenktafel und hielt eine Ansprache. Wie wenig sich die deutsche Bevölkerung als mitschuldig an den Geschehnissen verstand und wie verlogen sie die Ereignisse uminterpretierte, geht aus der rückseitigen Beschriftung des in der Ausstellung zu sehenden Fotos von der Denkmal-Enthüllung durch die Deutsche Presse-Agentur hervor: „Im Hintergrund die Gedenktafel, die auf dem Platz der durch Brand und Bombenangriffe völlig zerstörten Synagoge errichtet wurde.“ Diese bewusste Fehlinformation sollte Programm werden.

Brennende Börneplatz-Synagoge
Frankfurt am Main, 10. November 1938, Fotografie
Institut für Stadtgeschichte, Frankfurt am Main

## Erste Initiative für eine Gedenkstätte

Nach 1945 beschloss die Stadt, den gesamten Bereich städtebaulich radikal umzugestalten. Lediglich der seit dem Mittelalter bestehende jüdische Friedhof blieb in seinem in der Nazi-Zeit verwüsteten Zustand erhalten. Unmittelbar davor wurde 1954 eine Blumengroßmarkthalle errichtet, nachdem die letzten sichtbaren Fundamente der Börneplatz-Synagoge endgültig zerstört worden waren. Im letzten Viertel des 19. Jahrhunderts hatte der Wiener Lokalhistoriker Wilhelm Kisch geschrieben: „Die alten Strassen einer Stadt, ihre alten Bauten, Wahrzeichen und Denkmale sind die ehrwürdigen Zeugen der Geschichte. Sie sind die Stein gewordene Erinnerung längst verklungener Jahrhunderte, die Denkzeichen eines Volkes und vermitteln das bessere Verständnis für die Geschichte durch den Augenschein."[4] Um die Vernichtung des „Augenscheins" ging es, damit es keine „Denkzeichen" der eigenen Geschichte und der eigenen Schuld geben sollte. Fotos zeigen, dass an dem Ort, an dem sich die jahrhundertelange jüdische Geschichte Frankfurts kristallisiert hatte, in den 1960er Jahren für jene, die sich an die vornationalsozialistische Zeit erinnern konnten und wollten, die „Zeugen der Geschichte" eine Tankstelle und ein Parkplatz waren. Dabei hatte der Rückkehrer Ludwig Goldschmidt schon 1956 angeregt, hier eine würdige Gedenkstätte zu errichten. Er war sogar bereit gewesen, die notwendigen Geldmittel dafür zu beschaffen, wenn die Stadt nur das Grundstück zur Verfügung stellte. Doch die Stadt konnte sich zu keinem adäquaten Umgang mit ihrer Geschichte entschließen.[5] 1978 erst wurde der Dominikanerplatz auf Vorschlag von Paul Arnsberg wieder in Börneplatz rückbenannt.[6]

Eine neuerliche Initiative für die Errichtung einer angemessenen Gedenkstätte am Börneplatz in den 1970er Jahren, ebenfalls von Paul Arnsberg, wurde zwar aufgegriffen, aber mit dem Tod von Arnsberg wieder fallen gelassen.[7] Die materiellen Spuren der jüdischen Vorkriegsgemeinde Frankfurts waren teilweise noch erhalten. Auch die Spuren ihrer versuchten Zerstörung waren zu sehen. Doch sie wurden von der Bevölkerung ebenso wie von der Stadtverwaltung ignoriert. Rund ein halbes Jahrhundert war der Ort als ehemals jüdischer vollständig aus dem Gedächtnis der Stadt gestrichen. Der Friedhof, steinernes Zeugnis jüdischer Geschichte, mitten in der Stadt gelegen, war komplett ausgeblendet.

## Der Börneplatz-Konflikt

1984 schrieb die Stadt einen Wettbewerb für den Neubau des Kundenzentrums der Stadtwerke auf dem Börneplatz aus. Die Jüdische Gemeinde beanspruchte, an dem Prozess beteiligt zu werden, um den Ort der ehemaligen Synagoge und vor allem den Friedhof zu schützen. Die Idee eines „neuen Börneplatzes" entstand, „als Rahmen für eine jüdische Gedenkstätte" mit einem „würdigen Eingang zum jüdischen Friedhof".[8] Zivilgesellschaftliche und parteipolitische Proteste gegen die Überbauung des Börneplatzes mit dem Verwaltungsgebäude wurden von der Stadtverwaltung ignoriert, der Jüdischen Gemeinde wurde jedoch ein Mitspracherecht zugesichert.[9] Sie sah sich nach dem Verkauf des Grundstücks an die Stadt allerdings nicht berechtigt, ein Veto einzulegen. Doch die Situation änderte sich, als die Fundamente von Häusern der ehemaligen Judengasse Frankfurt gefunden wurden. Im Juli 1987 schrieb Walter Boehlich, dass die Frankfurter in ihrem Baurausch das „Pech" hatten, auf etwas zu stoßen, „was ihnen im Wege ist, auf Erinnerungen".[10] Denn vom Friedhof Battonnstraße abgesehen, tauchten bei der Grabung die ältesten materiellen Belege für die jüdische Geschichte Frankfurts auf. Besondere Aufmerksamkeit erfuhr die Freilegung der Mikwe unter dem Steinernen Haus, die mehr als sechseinhalb Meter unter dem Straßenniveau lag. Doch der Magistrat sah keinen Handlungsbedarf und der Bauherr zeigte betontes Desinteresse. Die Archäologen hielten die Abtragung der Steine aus konservatorischen Gründen für notwendig. Als Kompromiss wurde eine Dokumentation vorgeschlagen, der die anschließende Überbauung der Judengasse folgen sollte. Die Jüdische Gemeinde forderte eine Denkpause und einen Baustopp.

Die Ereignisse lösten nun breites Interesse in der Bevölkerung aus, die Presse berichtete regelmäßig und ausführlich über die historischen Hintergründe und die laufende Entwicklung, Aktionsbündnisse zur Rettung des

Börneplatzes wurden gegründet. Als der Zugang zur Baustelle abgeriegelt und die Fundamente der Judengasse weiter zerstört wurden, formierte sich ein massiver Bürgerprotest gegen die geplante neuerliche Auslöschung jüdischer Geschichte in Frankfurt.

Am 28. August 1987 wurde der Börneplatz besetzt, bis die Polizei den Abzug erzwang. Ein drei Meter hoher Bauzaun sollte weitere Störaktionen unmöglich machen oder zumindest erschweren. Die Stadt glaubte mit einem neuerlichen Kompromissvorschlag der wissenschaftlichen Dokumentation und der Musealisierung der Geschichte der Judengasse die Gemüter beruhigen zu können. Dies gelang nicht und provozierte nur den Vorwurf der Geschichtsentsorgung.

Zum ersten Mal in der Geschichte der Bundesrepublik Deutschland wurde die Frage nach dem Umgang mit ehemaligem jüdischem Kulturgut gestellt. „Keine Zukunft ohne Vergangenheit", „Macht Geschichte nicht zunichte" und „Die Vergangenheit bewahren statt mit Baggern drüberfahren" lauteten die Parolen der Bürgerbewegung. Das von Heinrich Heine überlieferte Zitat Ludwig Börnes „Wo die toten Menschen schweigen, da sprechen desto lauter die lebendigen Steine"[11] verwies darauf, dass steinerne Zeugen als materielle Belege für die Vergangenheit dienen. Die handgeschriebenen, teils ungelenken Protestplakate in der Ausstellung mögen manchen ob ihrer Einfachheit und in Nachbarschaft mit klassischen Ausstellungsobjekten irritieren. Doch eine historische Ausstellung darf die Geschichte nicht der Ästhetik unterordnen.

Der damalige Oberbürgermeister der Stadt Frankfurt und der Bauherr, die Frankfurter Stadtwerke, wollten aber nicht nur die Vergangenheit entsorgen, sie wollten auch keine Erinnerung. Denn die Erinnerung verwaist, wenn ihr der Ort ihres Gegenstands genommen wird. Dies trifft für die individuelle Erinnerung ebenso zu wie für die kollektive. „Der Ort, an dem eine Gruppe lebt, ist nicht gleich einer schwarzen Tafel, auf der man Zahlen und Gestalten aufzeichnet und dann auswischt. Wie würde das Bild der Tafel daran erinnern, was man auf ihr aufgezeichnet hat – da die Tafel den Zahlen gleichgültig ist und man auf derselben Tafel alle beliebigen Gestalten wiedergeben kann? Nein. Aber der Ort hat das Gepräge der Gruppe

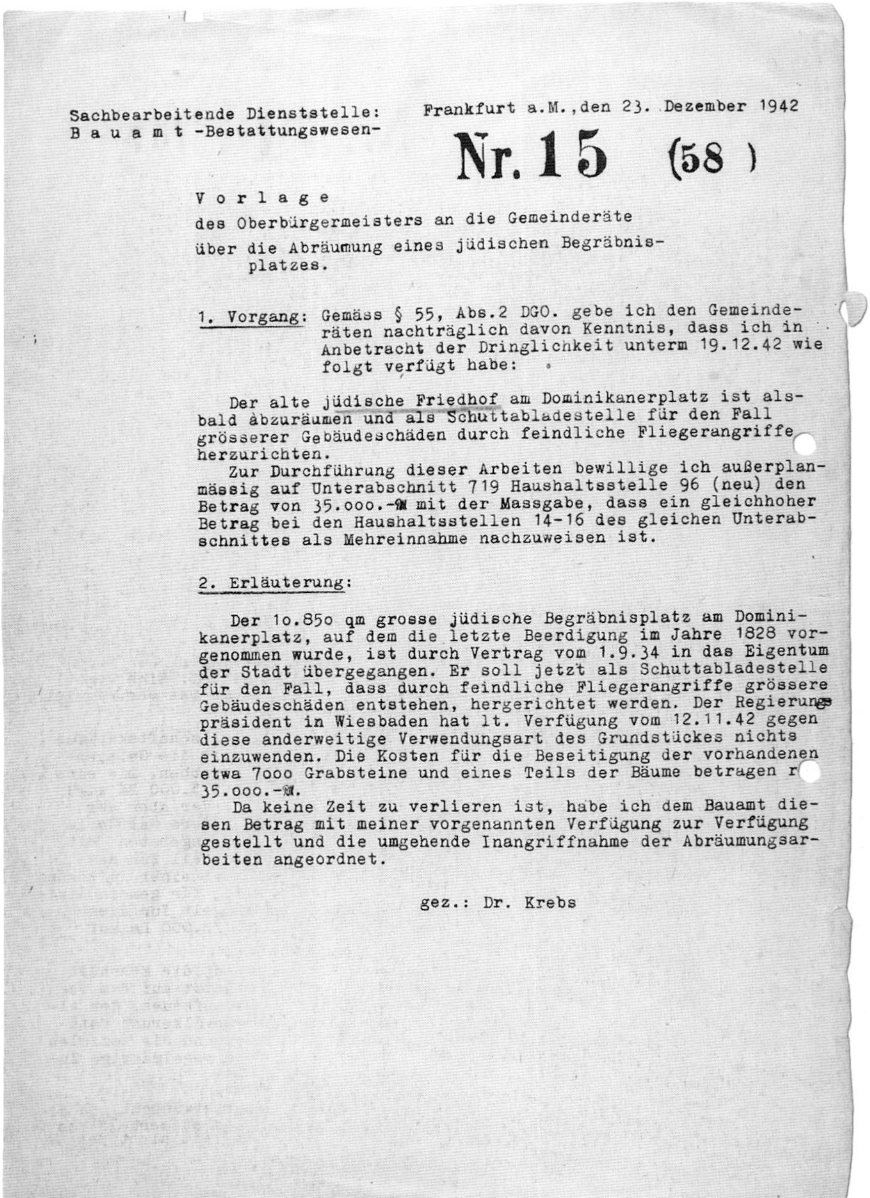

Sachbearbeitende Dienststelle: B a u a m t -Bestattungswesen-

Frankfurt a.M.,den 23. Dezember 1942

**Nr. 15** (58 )

V o r l a g e
des Oberbürgermeisters an die Gemeinderäte
über die Abräumung eines jüdischen Begräbnisplatzes.

1. Vorgang: Gemäss § 55, Abs.2 DGO. gebe ich den Gemeinderäten nachträglich davon Kenntnis, dass ich in Anbetracht der Dringlichkeit unterm 19.12.42 wie folgt verfügt habe:

Der alte jüdische Friedhof am Dominikanerplatz ist alsbald abzuräumen und als Schuttabladestelle für den Fall grösserer Gebäudeschäden durch feindliche Fliegerangriffe herzurichten.

Zur Durchführung dieser Arbeiten bewillige ich außerplanmässig auf Unterabschnitt 719 Haushaltsstelle 96 (neu) den Betrag von 35.000.-RM mit der Massgabe, dass ein gleichhoher Betrag bei den Haushaltsstellen 14-16 des gleichen Unterabschnittes als Mehreinnahme nachzuweisen ist.

2. Erläuterung:

Der 1o.85o qm grosse jüdische Begräbnisplatz am Dominikanerplatz, auf dem die letzte Beerdigung im Jahre 1828 vorgenommen wurde, ist durch Vertrag vom 1.9.34 in das Eigentum der Stadt übergegangen. Er soll jetzt als Schuttabladestelle für den Fall, dass durch feindliche Fliegerangriffe grössere Gebäudeschäden entstehen, hergerichtet werden. Der Regierungspräsident in Wiesbaden hat lt. Verfügung vom 12.11.42 gegen diese anderweitige Verwendungsart des Grundstückes nichts einzuwenden. Die Kosten für die Beseitigung der vorhandenen etwa 7ooo Grabsteine und eines Teils der Bäume betragen r[illegible] 35.000.-RM.

Da keine Zeit zu verlieren ist, habe ich dem Bauamt diesen Betrag mit meiner vorgenannten Verfügung zur Verfügung gestellt und die umgehende Inangriffnahme der Abräumungsarbeiten angeordnet.

gez.: Dr. Krebs

Abräumung des alten jüdischen Friedhofs am Dominikanerplatz (früher Börneplatz)
Frankfurt am Main, 23. Dezember 1942, Typoskript
Institut für Stadtgeschichte, Frankfurt am Main

Zerschlagene Grabsteine
Ludwig Klaas
Frankfurt am Main, um 1945, Fotografie
Institut für Stadtgeschichte, Frankfurt am Main

erhalten und umgekehrt.“[12] Der Ort war durch die jüdische Gemeinschaft geprägt und sollte neu geprägt werden, indem die Frankfurter Nachkriegsgemeinde ihre Stimme erhob. Der Prägung und der Erinnerung konnte nur die Zerstörung des Ortes selbst entgegenwirken. Im Gedächtnis der Stadt Frankfurt sollte die Geschichte des Umgangs mit ihren Juden im wahrsten Sinne des Wortes keinen Platz mehr haben. Denn da es „kein kollektives Gedächtnis gibt, das sich nicht innerhalb eines räumlichen Rahmens bewegt“[13], sollte dieser räumliche Rahmen einfach geändert werden. Diese Änderung des räumlichen Rahmens wurde erzwungen, da es trotz der Dispute um den Umgang mit den Funden keinen Baustopp gab. Die Jüdische Gemeinde – hauptsächlich aus Zuwanderern bestehend – sah nur wenige Möglichkeiten, an die Geschichte der Judengasse sowie der Börneplatz-Synagoge anzuknüpfen. Daher stimmte sie dem Kompromiss zu, in den Stadtwerken ein „Museum Judengasse“ zu errichten, in dem die Mikwe sowie die Fundamente von fünf Häusern der ehemaligen Judengasse aufgebaut und dokumentiert werden sollten. Salomon Korn unterstrich die Wichtigkeit, jüdischen und nichtjüdischen Frankfurtern „Anknüpfungsmöglichkeiten an diesen wichtigen Teil der Stadtgeschichte nicht zu verbauen und Kristallisationspunkte für eine mit Frankfurt verbundene Identitätsbildung zu bewahren“.[14] Dass es dabei nicht um eine „blinde und nostalgische Identifikation“ mit Vergangenheit gehen sollte, formulierte Micha Brumlik, der den „Kampf um den Börneplatz“ als „einen Beitrag zu jenem Kampf um die Erinnerung in der deutschen Gesellschaft“ erklärte, „ohne dessen Gelingen jüdische Existenz hierzulande auf tönernen Füßen stehen dürfte“.[15]

## Musealisierung

Im Zuge der Diskussionen wurden Assoziationen zur mittelalterlichen und frühneuzeitlichen wie auch zur Zeitgeschichte freigesetzt und argumentativ miteinander vermischt, indem ein kausaler Zusammenhang zwischen dem mittelalterlichen Ghetto, den von den Nazis eingerichteten Ghettos und der Schoa hergestellt wurde. Diese Mischung setzte sich in der geschichtsfernen Gestaltung des Ortes schließlich durch, die damit hauptsächlich von der mangelnden historischen Reflexion der politischen Entscheidungsträger, aber auch von dem labilen Verhältnis zwischen jüdischen und nichtjüdischen Deutschen zeugte.

Das Museum Judengasse wurde quasi „zuständigkeitshalber“ in die Verwaltung und Betreuung des 1988 eröffneten Jüdischen Museums Frankfurt übergeben. Wer sonst sollte auch zuständig für jüdische Geschichte sein? Man kann die Geschichte der Etablierung der europäischen jüdischen Museen der 1980er und 1990er Jahre generell als eine Geschichte der Ausdifferenzierung lesen. Jüdische Geschichte und Kultur wurden mit der Gründung jüdischer Museen an einen anderen Ort und in einen anderen Kontext als den gesamtgesellschaftlichen verlagert. Diese Ausdifferenzierung kulminierte mit der Abschiebung der Verantwortung für die Eckdaten deutsch-jüdischer Geschichte. Mit der Übergabe des Museums Judengasse an das Jüdische Museum Frankfurt wurde die Geschichte der Judengasse, des alten jüdischen Friedhofs, der Börneplatz-Synagoge, ihrer Zerstörung während der Nazi-Zeit, des Umgangs mit ihren Überresten in der Nachkriegszeit bis zum Ende des Jahrhunderts in ein „jüdisches Eck“ entsorgt, auch wenn das jüdische Museum eine städtische Einrichtung ist. Hätte man das Museum Judengasse in die Obhut des Historischen Museums gegeben, hätte man eindeutiger eine gesamtgesellschaftliche Verantwortung für die Geschichte vom Mittelalter bis in die 1980er Jahre signalisiert. Diese Abschiebung erschien umso skandalöser, als 1990 bekannt wurde, dass für den Stadtwerke-Bau auch Fundamente der Börneplatz-Synagoge freigelegt und mutwillig zerstört worden waren.[16] Darauf folgende neuerliche Grabungen brachten nur wenige Überreste zutage, Fries-Fragmente vom Tora-Schrein beispielsweise, die in der Ausstellung Zeugnis davon ablegen, was von der Börneplatz-Synagoge übrig blieb und was noch in den späten 1980er Jahren stillschweigend aus dem Bewusstsein der Stadt gelöscht werden sollte.

## Zeugniswert der Objekte

An dieser Stelle sei ein Beispiel für ein geschichtsträchtiges Objekt genannt: ein Kiddusch-Kelch als einer der wenigen erhaltenen Kultgegenstände aus

Dominikanerplatz, ehemals Börneplatz
Frankfurt am Main, um 1965, Fotografie
Institut für Stadtgeschichte, Frankfurt am Main

Bauschild mit Protestparole am Börneplatz
Abisag Tüllmann (1935 - 1996)
Frankfurt am Main, Juli/August 1987, Fotografie
bpk

Ausgrabungsgelände am Börneplatz
Klaus Malorny (geb. 1935)
Frankfurt am Main, 28. August 1987, Fotografie

Kundenzentrum der Stadtwerke
Frankfurt am Main, September 1992, Fotografie

der Börneplatz-Synagoge. Er war eine Widmung von Simon Glauberg und seiner Frau Jenny zur Erinnerung an die Bar Mizwa ihres Sohnes Berthold Baruch im Januar 1911. Simon Glauberg war Bäckermeister und leitete die Brot- und Keksfabrik Osthafen GmbH. Nach seinem Tod übernahm Berthold die Firma gemeinsam mit seinem Bruder Siegfried. Berthold flüchtete 1933 aus Deutschland nach Frankreich, wurde jedoch aufgegriffen und kam ins Internierungslager Drancy. Von dort aus wurde er nach Auschwitz deportiert und danach ins Konzentrationslager Bergen-Belsen, wo er im Frühjahr 1945 umkam.

Die wenigen Objekte sind Mehrfach-Zeugnisse: Sie sind Zeugnisse für die jüdische Vorkriegsgemeinde, für die barbarische Zerstörung dieser Gemeinde in der nationalsozialistischen Ära, für das kollektive Vergessen der jüdischen Dimension der eigenen Geschichte in der Nachkriegszeit und für die kulturgeschichtliche und politische Ignoranz der Stadtverwaltung in den 1980er und frühen 1990er Jahren. Die Besucher der Ausstellung finden ein Foto vom fertiggestellten Kundenzentrum vor, ein Foto von dem Ort, an dem sie stehen, das verdeutlicht, dass die Architektur des Zweckbaus weder auf die Ruinen der historischen Judengasse noch auf den Grundriss der ehemaligen Synagoge noch auf den alten Friedhof Rücksicht genommen hat.

Die Objekte bezeugen aber auch die Wirkmächtigkeit zivilgesellschaftlichen Engagements und das Wiedererstarken des Selbstbewusstseins der jüdischen Gemeinde. So etwa ein – keinen Namen tragender – prototypischer Metallstein, von denen 12 000 für die Gestaltung der äußeren Friedhofsmauer verwendet wurden. Sie sind mit den Namen der ab Oktober 1941 aus Frankfurt deportierten und ermordeten Juden versehen. Die Namenssteine sind ein zentrales Element der Gedenkstätte Neuer Börneplatz, die neun Jahre nach Beginn des Börneplatz-Konflikts am 16. Juni 1996 schlussendlich eingeweiht wurde.[17]

Der neue Platz ist mit dem ursprünglichen Börneplatz und seiner ehemaligen Synagoge nicht mehr identisch, da dieser zum Großteil von den Stadtwerken überbaut wurde. Ein Schattenriss der Grundfläche der ehemaligen Synagoge macht dies innerhalb des Mahnmals erkennbar.

Der namenlose Stein repräsentiert die noch nicht erfassten oder dokumentierten Schicksale, steht aber auch für die widerstreitenden Erinnerungen, die sich an diesem Ort überlagern: Indem er einen Teil der Friedhofsmauer symbolisiert, verweist er auf die Geschichte des mittelalterlichen und neuzeitlichen Frankfurter Judentums und damit automatisch auf die Geschichte des christlichen Antijudaismus. Er erinnert an die lange Ära des Ghettozwangs, aber auch an den Schutz, den das Ghetto bot, an die Pogrome in der Judengasse und an Neuanfänge, an Restriktionen, aber auch an Privilegien. Indem er einen Teil der Gedenkstätte Neuer Börneplatz darstellt, ruft er die barbarische Ära der Vertreibung und Ermordung der Frankfurter Juden im Dritten Reich wieder ins Bewusstsein. Indem er eine Konsequenz von zivilgesellschaftlichen Diskussionen um das Schicksal der Ausgrabungen der Judengasse und des benachbarten Börneplatzes symbolisiert, verkörpert er den Anspruch eines Teils der jüdischen und nichtjüdischen Gesellschaft, in den kulturpolitischen Diskurs eingebunden zu werden. Damit wurde der abstrakte Ort Judengasse Brennpunkt eines gesellschaftspolitischen Diskurs-Raumes, ohne den es das Museum wie die Gedenkstätte nicht gegeben hätte. Und schließlich deutet der kleine Stein in der neuen Dauerausstellung im Museum Judengasse darauf hin, dass der Börneplatz-Konflikt nun auch Geschichte ist, die vor dem Vergessen bewahrt werden muss, eine neue Erinnerung, die zur Mehrdimensionalität und Mehrschichtigkeit dieses Ortes beiträgt.

Erst wenn sich die Besucher diesen Eingangsbereich in das Museum Judengasse erschaut und erlesen haben, werden sie das Geschichts- und Ausstellungsfragment der ehemaligen Judengasse als Ort der Erinnerung verstehen können.

1 Ludwig Marcuse, Mein zwanzigstes Jahrhundert. Auf dem Weg zu einer Autobiographie, München 1960, S. 363.

2 Liliane Weissberg, Ein Medizinstudent in Berlin: Louis Baruch führt Tagebuch, in: Frank Stern, Maria Gierlinger (Hg.), Ludwig Börne. Deutscher, Jude, Demokrat, Berlin 2003, S. 19–37, hier S. 19.

3 Dan Diner, Schichten der Erinnerung. Zum Börneplatz-Konflikt, in: Babylon. Beiträge zur jüdischen Gegenwart 3, 1988, S. 18–26, hier S. 25.

4 Wilhelm Kisch, Die alten Strassen und Plaetze Wien's und ihre historisch interessanten Häuser, Wien 1883, Bd. 1, S. 1.
5 Helga Krohn, „Es war richtig, wieder anzufangen". Juden in Frankfurt am Main seit 1954, Frankfurt am Main 2011, S. 182.
6 Krohn, Juden (wie Anm. 5), S. 183.
7 Krohn, Juden (wie Anm. 5), S. 183 f.
8 Zit. nach Krohn, Juden (wie Anm. 5), S. 185.
9 Krohn, Juden (wie Anm. 5), S. 186.
10 Walter Boehlich, Das Loch von Frankfurt. Der Börneplatz alias Karmeliterplatz alias Judenmarkt: ein Fall von Vergangenheitsbewältigung, in: Zeitmagazin, 10. Juli 1987, http://www.zeit.de/1987/29/das-loch-von-frankfurt (Zugriff: 30. Oktober 2015).
11 Heinrich Heine, Ludwig Börne. Eine Denkschrift, in: Ludwig Börne und Heinrich Heine. Ein deutsches Zerwürfnis, bearb. von Hans Magnus Enzensberger, Nördlingen 1986, S. 119 - 255, hier S. 129.
12 Maurice Halbwachs, Das kollektive Gedächtnis und der Raum, in: Uwe Fleckner (Hg.), Die Schatzkammern der Mnemosyne. Ein Lesebuch mit Texten zur Gedächtnistheorie von Platon bis Derrida, Dresden 1995, S. 276 - 296, hier S. 280.
13 Halbwachs, Gedächtnis (wie Anm. 12), S. 287.
14 Salomon Korn, Die gegenwärtige Vergangenheit am Börneplatz, in: Jüdische Gemeindezeitung Frankfurt, Jg. 19, Nr. 7/8, 1987.
15 Micha Brumlik, Erinnern und Erklären. Unsystematische Überlegungen eines Beteiligten zum Börneplatz-Konflikt, in: Babylon (wie Anm. 3), S. 9 - 17, hier S. 17.
16 Krohn, Juden (wie Anm. 5), S. 192.
17 Zu der vom Architekturbüro Wandel, Hoefer, Lorch und Hirsch entworfenen Gedenkstätte am Neuen Börneplatz vgl. Stadt Frankfurt am Main (Hg.), Gedenkstätte am Neuen Börneplatz für die von den Nationalsozialisten vernichtete dritte jüdische Gemeinde in Frankfurt, Sigmaringen 1996.

# Katalog

Sabine Kößling, Felicitas Heimann-Jelinek

# Die Judengasse

Frankfurt am Main hat eine über 800-jährige, bedeutende jüdische Geschichte. Schon im 12. Jahrhundert siedelten Juden in Frankfurt. Die ältesten Wohnsitze lagen im Zentrum der Stadt. 1460 fasste der Frankfurter Rat den Beschluss, ein jüdisches Ghetto einzurichten. In den kommenden beiden Jahren mussten alle Frankfurter Juden in die neu angelegte Judengasse übersiedeln, die durch Mauern und Tore vom Rest der Stadt getrennt war.

In der Judengasse regierten sich die Juden selbst. Es gab Synagogen, Ritualbäder und sonstige Einrichtungen des religiösen Lebens. Ehrenamtliche Gemeindevorsteher regelten das Zusammenleben und erhoben Steuern. Wohltätige Vereine unterstützten die armen Bewohner der Judengasse. Die Frankfurter Rabbiner waren wegen ihrer Gelehrsamkeit weit über die Grenzen der Stadt hinaus geachtet. Die Bewohner der Judengasse sprachen Jiddisch, sie lebten nach den jüdischen Traditionen und dem jüdischen Kalender.

Die Judengasse als abgeschlossener Bezirk bestand bis etwa 1800. Diese jüdische Lebenswelt war durch einen engen Austausch mit der sie umgebenden christlichen Gesellschaft geprägt.

# Juden und Christen

In Frankfurt durften Juden lange nur in einem abgeschlossenen Wohnbezirk, der Judengasse, wohnen. Trotz der strengen räumlichen Trennung gab es ein vielseitiges Beziehungsgeflecht und zahlreiche Berührungspunkte zwischen Juden und Christen.

Christen wurden zu jüdischen Feierlichkeiten eingeladen; Wirtshäuser waren beliebte gemeinsame Treffpunkte. Juden beauftragten christliche Handwerker mit der Herstellung ihrer Ritualgegenstände. Christliche Theologen lernten Hebräisch bei jüdischen Lehrern. Jüdische Haushalte engagierten christliches Personal, um das Arbeitsverbot am Schabbat einhalten zu können.

Dabei fand ein Austausch statt, der über reine Geschäftsbeziehungen hinausging. Das wird beispielhaft an den Gegenständen deutlich, die in christlichen Werkstätten entstanden, aber für den jüdischen Ritus bestimmt waren. Juden und Christen kannten die Lebenswelt des anderen. Sie übernahmen Ideen und Vorstellungen voneinander und passten diese an die eigenen Traditionen an.

**Tora-Schild**
Johann Adam Boller (1679 – 1731)
Frankfurt am Main, 1710 – 1730, Silber, Kupfer, teilvergoldet

# Tora-Schild

Dies ist ein typisches Frankfurter Schild aus der Zeit des Barock. Es vereint die Vorgaben der jüdischen Auftraggeber mit den Gestaltungsideen des christlichen Silberschmieds. So finden sich aufgesetzte Kronen auch auf christlichen religiösen Objekten und Alltagsgegenständen. Die Rückenplatte könnte auch für einen Kalender oder für einen Spiegel verwendet worden sein. Hingegen wurden die beiden Tafeln mit den Zehn Geboten und das kleine Schildchen mit der hebräischen Aufschrift des Tora-Abschnitts für den jüdischen Verwendungszweck eingearbeitet.

### Was ist ein Tora-Schild?

In Aschkenas, d.h. im west- und osteuropäischen jüdischen Kulturraum, steht die Tora-Rolle „bekleidet" im Tora-Schrein. Sie ist mit einem Band zusammengebunden und trägt einen Tora-Mantel. Über dem Mantel hängen das Tora-Schild mit der Bezeichnung des Wochenabschnitts und ein Tora-Zeiger. Mit ihm folgt der Vorbeter dem hebräischen Text der Tora-Rolle. Oben auf den Rollenstäben stecken ein Paar Tora-Aufsätze oder eine Tora-Krone. Vor dem Tora-Schrein hängt ein Tora-Vorhang. Mantel, Vorhang und Schild sind häufig mit den Tafeln der Zehn Gebote dekoriert.

### Frankfurter Silber

Die jüdische Gemeinde in Frankfurt war bedeutend und wohlhabend. So konnte sie den renommierten Frankfurter Silberschmieden oft Aufträge zur Anfertigung von jüdischen Ritualobjekten erteilen. Es entstand eine besondere Frankfurter Tradition.

Bei dem großen Brand von 1711 wurden viele Ritualgegenstände in der Synagoge und in den Privathäusern zerstört. Als sie diese Objekte neu herstellten, orientierten sich die Auftraggeber und Silberschmiede an den überlieferten Formen. Das Festhalten an alten Traditionen ist in Frankfurt nicht nur für den Silberschmuck bezeugt, sondern auch sonst dokumentiert: Sitten und Bräuche der Väter sollten möglichst nicht geändert werden.

**Kiddusch-Becher**
Rötger Herfurth (gest. 1776)
Frankfurt am Main, um 1750, Silber, vergoldet

# Kiddusch-Becher

Kiddusch heißt der Segen über den Wein, der am Feiertag gesprochen wird. Die Becher, die dafür verwendet werden, wurden meist aufgrund ihres Stils oder ihres edlen Materials benutzt, nicht aber weil sie extra für diesen Zweck hergestellt worden wären. Zwischen ihnen und Bechern für einen nichtjüdischen Gebrauch gibt es daher oft keinen anderen Unterschied, außer dass einige eine hebräische Beschriftung tragen. Dieser Becher trägt innen die hebräischen Initialen des Besitzers und die Abkürzung JT, für Jom Tow, Feiertag. Er wurde von einem bekannten Frankfurter Goldschmied hergestellt.

### Der Wein-Segen

Vor jeder Mahlzeit an einem Feiertag, am Schabbat, zur Hochzeit oder Beschneidung wird ein Segensspruch über einen Becher Wein gesprochen. Das Ritual heißt Kiddusch und bedeutet „Heiligung".

Traditionell besteht der Kiddusch aus drei Teilen: einer biblischen Erzählung, dem Segen über den Wein und dem Segen über den Schabbat. Der Wein kann durch Traubensaft ersetzt werden, denn der Segensspruch lautet: „Gesegnet seist Du, Herr, unser Gott, König der Welt, Schöpfer der Frucht des Traubenstocks." Die Zeremonie findet nicht nur im privaten Rahmen statt. Auch in der Synagoge wird nach dem Morgen-Gottesdienst an Feiertagen ein Kiddusch gefeiert, ein wichtiges gemeinsames Ritual.

### Warum sollen religiöse Objekte schön sein?

Dieser Becher wurde von dem unbekannten Besitzer speziell an Feiertagen benutzt, wie die eingravierten Buchstaben bezeugen. Der Becher ist aus Silber, das mit Gold überzogen wurde. Er war sehr wertvoll und teuer.

Die religiösen Pflichten mit möglichst schönen, hochwertigen Objekten zu vollziehen ist eine jahrhundertealte Praxis im Judentum. Schon bei den rabbinischen Gelehrten des 2. Jahrhunderts wird diese Vorstellung diskutiert. Chiddur Mizwa, die Verschönerung der religiösen Gebote, bezieht sich sowohl auf die innere Haltung wie auch auf die Objekte, mit denen diese Gebote ausgeführt werden.

**Leviten-Waschgeschirr**
Jakob Philipp Schott (1700 – 1770)
Frankfurt am Main, Mitte 18. Jh., Zinn

# Leviten-Kanne und -Schüssel

Die Gestaltung der jüdischen Zeremonialobjekte folgt den Moden und Vorstellungen der umgebenden Kultur.

Dieses Waschgeschirr ist ein typisches Produkt im Rokokostil. Ob es sich um ein protestantisches Taufgeschirr oder um eine Kanne und Schüssel für die rituelle Waschung in der Synagoge handelt, lässt sich nicht bestimmen. Nur der Eintrag im Eingangsbuch des Museums beweist: Dieses Geschirr stammt aus der jüdischen Gemeinde Adelsberg in Unterfranken.

Kanne und Schüssel gehörten ursprünglich nicht zusammen. Kleinere, ärmere Landgemeinden wie die in Adelsberg nutzten Objekte auch in Zweitverwendung.

## Rituelle Waschungen

Die sogenannte Leviten-Kanne und -Schüssel werden in der Synagoge benutzt. Der Name verweist auf biblische Zeiten. Der Gottesdienst im Tempel wurde von den Priestern, hebräisch Kohanim, ausgerichtet. Sie wurden unterstützt von den Leviten, Angehörigen des Stammes Levi.

Die direkten Nachfahren der Leviten und Kohanim spielen noch immer eine wichtige Rolle im Gottesdienst. Bis heute waschen Leviten den Kohanim die Hände, bevor diese den Priestersegen über die Gemeinde sprechen. Dieser Ritus, der genauso schon im Tempel ausgeführt wurde, ist ein zentraler Bestandteil des Gottesdienstes. Das Leviten-Waschgeschirr ist kostbarer Besitz einer Synagoge und wird lange aufbewahrt.

**Gewürzdose**
Johann Sebastian Griebel (gest. wohl 1788)
Frankfurt am Main, um 1750, Silber

# Gewürzdose

Jedes Objekt kann für den jüdischen Ritus verwendet werden. Es darf nur später nicht wieder zu einem Alltagsgegenstand herabgestuft werden.

Diese Gewürzdose wurde ursprünglich im alltäglichen Gebrauch verwendet. Gewürze waren im 18. Jahrhundert in Europa selten und teuer, daher wurden sie in wertvollen Behältern sorgfältig aufbewahrt. So auch in jüdischen Haushalten, in denen Gewürze, hebräisch Besamim, für die Zeremonie am Ende des Schabbats oder eines Feiertages benötigt werden.

Die flache, rechteckige Dosenform mit dem Schiebedeckel und den Löwenminiaturen war in den jüdischen Haushalten Frankfurts so beliebt, dass sie heutzutage als typische Frankfurter Besamim-Dose gilt, obwohl sie ursprünglich nicht nur für Juden produziert wurde.

### Wem gehörte die Gewürzdose?

Die Dose gehörte dem Historischen Museum Frankfurt, bevor sie 1987 an das neu gegründete Jüdische Museum übergeben wurde. Das Historische Museum hatte sie 1961 vom Kunsthändler Wilhelm Heinrich erworben. Eine Dose mit denselben Maßen und Markierungen befand sich früher im Besitz des Museums Jüdischer Altertümer in Frankfurt. 1938 plünderten SA und SS das Museum und übergaben einige Gegenstände dem Kunsthändler Heinrich. Wir wissen nicht, ob diese Dose, die ebendieser Heinrich an das Historische Museum verkaufte, mit der Dose aus dem Museum Jüdischer Altertümer identisch ist. Ihre Geschichte verdeutlicht, dass fast jedes Objekt im Museum auch ein Zeugnis für die NS-Verfolgung sein kann.

**Gewürzturm**
Schwäbisch Gmünd, 1. Hälfte 18. Jh., Silberfiligran, Emaille, Glassteine

# Gewürzturm

Es ist ein alter jüdischer Brauch, das Besamim-Gefäß als Turm zu gestalten. Das Material und die Ausführung dieses Besamim-Turmes sind hingegen ungewöhnlich: Die Kombination aus Silberfiligran und Emaille wurde sonst für christliche Ritualobjekte wie Kruzifixe benutzt. Offensichtlich kannte der jüdische Auftraggeber solche Werke und hat den Turm nach ihrem Beispiel arbeiten lassen. Die bildlichen Darstellungen auf dem Turm haben ebenfalls christliche Vorbilder. Dieser Besamim-Turm verdeutlicht also, dass sich die christliche Bilderwelt auch bei Objekten wiederfindet, die im jüdischen Ritus verwendet wurden.

### Biblische Geschichten

Die Bilder, die auf zwei Stockwerken des Turmes zu sehen sind, zeigen bekannte biblische Geschichten. Die Darstellungen folgen den Illustrationen der „Icones Biblicae" von Matthäus Merian, einem christlichen Künstler. Sie wurden 1625–27 in Frankfurt am Main veröffentlicht und waren weit verbreitet.

Die Bilder zeigen folgende Szenen: Elieser am Brunnen mit Rebekka, Isaak segnet seinen Sohn Jakob, Jakobs Traum von der Himmelsleiter, Jakob ringt mit dem Engel und erhält den Namen Israel. Auf dem oberen Teil: die verstoßene Hagar und ihr Sohn Ismael in der Wüste, Moses vor dem brennenden Dornbusch, Samson trägt die Tore von Gaza, Samson und Dalila.

### Eine Seltenheit

Weltweit sind nur acht Exemplare dieses Typs von Besamim-Türmen bekannt. Die anderen Gewürztürme befinden sich in Würzburg, Jerusalem, New York, London, Kopenhagen, Paris und Tel Aviv. Der Frankfurter Turm ist besonders gut erhalten.

Die Türme wurden im 18. Jahrhundert in Schwäbisch Gmünd hergestellt, wo es damals keine jüdische Gemeinde gab. Die Auftraggeber dieser acht Türme sind unbekannt. Offensichtlich waren sie bereit, zeitraubende organisatorische und auch finanzielle Anstrengungen auf sich zu nehmen, um möglichst schöne und wertvolle Ritualgegenstände anfertigen zu lassen.

**Jüdische Merckwürdigkeiten**
Johann Jacob Schudt (1664 – 1722)
Druck: M. Andreä, Frankfurt am Main, 1716

# Neue Frankfurter Kleiderordnung

Johann Jacob Schudt lebte Ende des 17. Jahrhunderts als lutherischer Theologe, Lehrer und Orientalist in Frankfurt, wo er sich intensiv mit jüdischer Geschichte und Religion beschäftigte. Seine Forschungen veröffentlichte er in einer dreibändigen Weltgeschichte der Juden. Er stützte sich auf die reiche Literatur christlicher Autoren über das Judentum, hatte aber auch gute Beziehungen in die Judengasse. Er besuchte dort den Gottesdienst, lernte Hebräisch und Jiddisch und erhielt Kenntnisse über Bräuche und Vorstellungen. Seine detailreichen Schilderungen sind allerdings mit kritischer Distanz zu lesen, da Schudt viele antijüdische, christliche Vorstellungen teilte.

### Der vierte Teil

Die Geschichte und Kultur der Juden in Frankfurt nimmt breiten Raum in Schudts Darstellung ein. In einem Erweiterungsband veröffentlichte er noch Dokumente, die weitere Einblicke in das geistige Leben der Judengasse geben sollten. Darunter waren ein Theaterstück zu Purim und die Kleiderordnung, die die jüdische Gemeinde unter dem Eindruck des Brandes von 1711 erließ: Demnach sollten Männer keine blonden Perücken tragen; Gebetsmäntel aus Seide waren nur für den Schabbat erlaubt. Frauen sollten auf Spitzen, Schmuck und goldene Borten verzichten. Jeglicher Luxus war zugunsten eines gottesfürchtigen, bescheidenen Lebens verboten.

# Bilder in der Judengasse

Bilder von biblischen Szenen spielen im Judentum wie im Christentum eine wichtige Rolle. Mit der Verbreitung der Drucktechnik stieg die Zahl der Darstellungen im jüdischen wie im christlichen Raum. Sie wurden von christlichen Handwerkern und von jüdischen Künstlern geschaffen. Ihre Bilderwelten basierten zwar auf unterschiedlichen Traditionen, übten aber einen großen Einfluss aufeinander aus.

Auch in der Frankfurter Judengasse gab es Bilder. Hebräische Manuskripte waren illustriert. Gemälde und Drucke schmückten auch die schlichtesten Wohnungen. Siegel für Dokumente trugen Bilder; Blumenmuster zierten Kleidungsstoffe. Auch Ritualobjekte wurden mit Figuren- und Tierdarstellungen veredelt.

Diese Darstellungen haben nicht nur ästhetischen Reiz, sie fordern auch zu Fragen heraus: An welchen Vorbildern orientierten sie sich? Welche Vorstellungen wurden in Bilder umgesetzt? Wie entwickelten sich Bildtraditionen? Die Antworten geben Einblicke in die Vorstellungswelt der Juden in der Frankfurter Judengasse.

**Seder haMachsor, Gebetbuch für die Feiertage**
Druck: Jüdels, Sulzbach, 1756

# Seder haMachsor

Die Illustrationen dieses Titelblatts vereinen jüdische und christliche Bildtraditionen. Die Säulen im Hintergrund bilden einen Torbogen und sind häufig auf Titelblättern hebräischer Werke zu sehen. Sie sind eine bildliche Darstellung eines Verses aus Psalm 118: „Das ist das Tor zum Herrn, nur Gerechte treten hier ein."

Auch Moses und Aaron sind so gezeichnet, wie sie die jüdische Tradition versteht. Aaron trägt das Priestergewand mit dem Brustschild und hält das Räucherfass. Moses hält seinen Stab und die Gebotstafeln in Händen. Sein Haupt ist von Strahlen umgeben. Die Medaillons oben folgen dagegen christlichen Vorbildern, wie dem berühmten Gemälde „Turmbau zu Babel" von Pieter Bruegel d. Ä.

### Ein Gebetbuch für die Feiertage

Der hebräische Begriff Machsor bedeutet „Wiederholung" oder „Zyklus". Seit dem Mittelalter wird er als Bezeichnung für den jüdischen Feiertagszyklus verwendet. Die ältesten bekannten Machsorim stammen aus der Zeit zwischen 1100 und 1300. Im Unterschied zum Siddur, der die täglichen Gebete enthält, ist der Machsor ein Gebetbuch für die verschiedenen Feiertage. Neben den spezifischen Feiertagsgebeten enthält er auch liturgische Dichtungen.

### Druckerei Jüdels

Dieses Werk wurde in Sulzbach gedruckt. Hier richtete Isaak Kohen Jüdels 1669 eine hebräische Druckerei ein. Er entstammte aus einer alten und berühmten Druckerfamilie aus Prag und setzte diese Tradition hier fort: Auch sein Sohn und seine Tochter arbeiteten als Setzer und Korrekturleser.

Die Familie Jüdels druckte hebräische und jiddische Werke, die vor allem im Gottesdienst oder zu rituellen Zwecken zu Hause verwendet wurden. Die Druckerei war sehr erfolgreich. Insbesondere das Gebetbuch für die Feiertage wurde in vielen Auflagen gedruckt und war im ganzen süddeutschen Raum verbreitet.

**Pessach-Haggada, Feierordnung für Pessach**
Geschrieben und illustriert von Jakob Michael May Segal (gest. 1768)
Frankfurt am Main, 1731, Pergament, Tinte, Wasserfarben
Schenkung von Ignatz Bubis

# Pessach-Haggada

Das Pessach-Fest erinnert an den Auszug der Israeliten aus Ägypten. Es beginnt mit einem Familienfest, das nach einer festen Ordnung begangen wird. Diese feste Ordnung (hebräisch Seder) prägt insbesondere den Abend, mit dem das Familienfest beginnt: den Seder-Abend. Den Ablauf dieses Abends bestimmt ein liturgischer Text, der gemeinsam gelesen und zelebriert wird: die Pessach-Haggada. Sie besteht aus verschiedenen Passagen der Tora, formuliert Fragen und Antworten an den biblischen Text, umfasst Gebete, Segenssprüche und Lobpreisungen sowie Lieder. Oft ist die Pessach-Haggada reich illustriert.

Jakob May hat diese Pessach-Haggada mit der Hand geschrieben und illustriert. Wie viele Illustratoren verwendete er für seine Miniaturen und Bilder eine Vorlage: eine gedruckte Pessach-Haggada, die 1712 in Amsterdam erschienen war. Diese Amsterdamer Haggada wiederum griff in der Darstellung biblischer Szenen oftmals auf die christliche Bibelausgabe zurück, die Matthäus Merian 1625–27 in Frankfurt drucken ließ.

### Jakob May

Die etwas ungelenken Zeichnungen in dieser Haggada legen nahe, dass Jakob May sich hauptberuflich mit anderen Dingen beschäftigte. Er bezeichnet sein eigenes Werk auf der zweiten Seite, unter einer Widmung an den Vater und einem Lobgedicht auf die Mutter als „Worte des bescheidenen Schreibers Jakob, Sohn des ehrenwerten Herrn Michael May Segal aus Innsbruck, verfertigt hier in Frankfurt am Main." Jakob May stammte aus einer Familie von Hoffaktoren, Kaufleuten im Dienste des Fürsten. Sein Vater war in Innsbruck und Mannheim tätig. Die Kinder arbeiteten in demselben Beruf.

**Esther-Rolle**
Italien, 18. Jh., Pergament, mit Sepia beschrieben und bemalt

# Esther-Rolle

Illustrierte Esther-Rollen gibt es seit dem 17. Jahrhundert. Sie geben die biblische Geschichte von Königin Esther wieder, die die Juden Persiens vor der drohenden Vernichtung rettete, und werden während des Purim-Festes vorgelesen. Diese Rolle ist besonders reich geschmückt. Zwischen Blumen und Tierfiguren finden sich Miniaturszenen, in denen die Handlung abgebildet wird. Der Text steht in zwölf Kolumnen, dazwischen sind die Hauptfiguren zu sehen. Da die Geschichte in Persien spielt, sind die männlichen Figuren in orientalisierender Kleidung gezeichnet – insgesamt folgen Gestaltung und Bilder aber europäischen Vorstellungen.

Künstlerisch gestaltete Esther-Rollen wie diese dienen traditionellerweise als Hochzeitsgeschenke der Brauteltern an ihren Schwiegersohn.

### Purim in Persien und in Frankfurt

Die biblische Erzählung spielt in Persien. Der hohe königliche Beamte Haman will alle Juden vernichten, nachdem der Jude Mordechai sich aus religiösen Gründen geweigert hat, vor ihm niederzuknien. Mordechai wendet sich an seine Cousine Esther, die Gattin des Königs. Sie stimmt den König um und rettet das jüdische Volk. Das fröhliche Fest, das die persischen Juden daraufhin feierten, war das erste Purim-Fest.

In Frankfurt wurde ein weiteres Purim-Fest gefeiert: Während eines Aufstands christlicher Handwerker und Kaufleute wurden die Juden aus Frankfurt vertrieben. Sie konnten aber wenig später schon wieder zurückkehren. Ihr Wiedereinzug in die Stadt im Jahr 1616 wurde seitdem als „Purim Vinz" gefeiert. Der Name erinnert an den Anführer des Aufstands, Vinzenz Fettmilch, dem es nicht gelang, die Juden Frankfurts zu vernichten.

### Bilder und Illustrationen

Die gezeigte Rolle ist im Stil des Arie Leib ben Daniel gestaltet. Ihm werden insgesamt acht Esther-Rollen zugeschrieben. Arie Leib stammte aus Polen. Seine frühesten Esther-Rollen fertigte er an kleinen Orten in Ost- und Mitteleuropa zwischen 1732 und 1737 an. In den 1740er Jahren wanderte er nach Venedig aus, wo er einen eleganten italienischen Stil entwickelte. Hier schrieb und illustrierte er sechs Rollen. Sie alle zeichnen sich durch den Wechsel von Text- und Figurenkolumnen aus.

**Kopfbedeckungen für Männer und Frauen**
Mitteleuropa, um 1800, Damast, Silberstickerei; Brokatstoff mit Goldspitzenbesatz; Samt, Goldgarn

# Kopfbedeckungen für Männer und Frauen

Nur wenige Beispiele für textile Bilder sind aus der Judengasse überliefert. Die gestickten Ranken- und Blumenornamente aus vergoldeten Metallfäden auf den Kopfbedeckungen für Feiertage zeigen, dass auch Männer Verzierungen gegenüber keineswegs abgeneigt waren. Das Tragen einer Kopfbedeckung, insbesondere während kultischer Handlungen, ist jüdische Tradition. Sie geht aber auf kein biblisches Gebot zurück. Je nach Region können diese Kopfbedeckungen sehr unterschiedlich aussehen. Heute ist die bekannteste die Kippa, ein einfaches Scheitelkäppchen.

Das Blumenmotiv auf der Rückseite der Frauenhaube zeigt die Freude an floralem Dekor: Die drei Blüten und ihre Blätter wurden mit Silber- und Goldfäden gestickt und mit Pailletten und roten Glassteinen verziert. Derartige Hauben waren in der damaligen Zeit weit verbreitet und wurden sowohl von jüdischen wie auch von christlichen Frauen getragen. Es galt als ein Zeichen der Sittsamkeit von Frauen, nach der Heirat ihre Haare in der Öffentlichkeit zu bedecken.

**Chanukka-Leuchter**
Rötger Herfurth (gest. 1776)
Frankfurt am Main, um 1765, Silber

# Chanukka-Leuchter

Leuchter, die während des Chanukka-Festes im Dezember verwendet werden, gibt es in einer großen Formenvielfalt. Dieser Leuchter ist ein Typus, der in Frankfurt geschaffen wurde und große Verbreitung fand.

Auf vier Löwenfüßen liegt eine rechteckige Leiste mit Ölnäpfchen, die mit einem Deckel verschlossen sind. Die Rückwand ziert ein siebenarmiger Leuchter, der an den Leuchter im Tempel von Jerusalem erinnern soll.

Die seitlichen Abschlüsse werden von zwei Löwen gebildet. Der Löwe war bei Frankfurter Silberschmieden als Zierde für alle Arten von Gegenständen sehr beliebt. Er findet sich auch oft auf jüdischen Zeremonialobjekten, weil er in der Bibel als das Symbol des Stammes Juda gilt, auf den sich Juden bis heute beziehen.

### Das Lichterfest

Am 25. Kislew, d. h. im November/Dezember, beginnt Chanukka. Bei dem Fest wird jeden Abend ein Licht mehr angezündet, bis alle acht Lichter des Leuchters brennen.

Das Ritual erinnert an ein historisches Ereignis im Jahr 164 v.d.Z.: Griechische Herrscher hatten den Tempel in Jerusalem entweiht. Die Juden erhoben sich und eroberten Land und Tempel zurück. Für die Menora, den Leuchter im Tempel, war nur eine kleine Menge Öl vorhanden. Bei der feierlichen Wiedereinweihung des Tempels soll dieses Öl ausgereicht haben, um diesen Leuchter wunderbarerweise acht Tage und Nächte brennen zu lassen. Daher wird Chanukka acht Tage lang gefeiert.

### Rötger Herfurth

Das Tora-Silber in der Frankfurter Judengasse wurde teilweise von äußerst renommierten christlichen Silberschmieden hergestellt. Rötger Herfurth war von 1748 bis 1776 als Silberschmied aktiv. In dieser Zeit stellte er mindestens dreißig Judaica-Objekte her: Kiddusch-Becher, Tora-Schilder und -Aufsätze, Chanukka-Leuchter, Gewürztürme, Hawdala-Leuchter und einen Tora-Zeiger. Herfurth entwickelte die Formensprache von Jeremias Zobel weiter, der ebenfalls in Frankfurt gewirkt hatte. So bildete sich ein eigener Frankfurter Typus aus.

**Hawdala-Leuchter**
Rötger Herfurth (gest. 1776)
Frankfurt am Main, um 1750, Silber
Privatbesitz

# Hawdala-Leuchter

Der Silberschmied Rötger Herfurth hat zahlreiche Ritualgegenstände geschaffen, die tradierte Formen aufgreifen und modernisieren.

Interessant ist die Trägerfigur dieses Leuchters. Sie trägt die Tracht der Frankfurter Juden des 18. Jahrhunderts mit Umhang und Spitzenkragen. Den religiösen Geboten entsprechend hat sie einen Bart. In den Händen hält sie einen Besamim-Turm und einen Kiddusch-Becher. Die Figur vollführt also gerade die Zeremonie zum Ausgang des Schabbats, bei der auch der Leuchter verwendet wird.

Die Masken am oberen Ende des Leuchters haben dagegen keinen Bezug zum Ritual. Sie sind als Schmuck im Zeitgeschmack zu verstehen.

### Was ist die Hawdala-Zeremonie?

Hawdala ist das hebräische Wort für Unterscheidung. Die Hawdala-Zeremonie wird am Ausgang des Schabbats oder des Feiertags vollzogen, um das Ende des Festtags zu markieren und in den Alltag überzuleiten. Nach dem Segnen des Weins und der Gewürze wird ein Segensspruch über das Licht gesprochen: Gesegnet seist Du, Gott, unser Gott, König des Universums, Schöpfer der Leuchtkräfte des Feuers.

Mit dem Licht der Kerze rettet der Gläubige ein wenig Licht des heiligen Tages in die Alltagswelt hinein. Im Anschluss wird ein Kiddusch-Becher randvoll mit Wein gegossen und die Hawdala-Kerze wird in ihm gelöscht, wobei das Überfließen des Weins darauf hindeutet, dass die kommende Woche vor Segen ebenso überfließen soll.

### Eine alte Familientradition

Der Leuchter gehörte dem Ur-Urgroßvater der Leihgeberin, Salomon Schloss. Schloss wurde 1815 in der Judengasse in eine Familie geboren, die seit dem 16. Jahrhundert hier ansässig war. Für das Familiengeschäft ging er mit 18 Jahren in die britische Kolonie Jamaica, wo er sich im Gewürzhandel betätigte. Später übersiedelte er nach London.

1887 fand in London die weltweit erste Ausstellung von jüdischen Zeremonialobjekten statt. Schloss steuerte den Hawdala-Leuchter sowie einen Frankfurter Chanukka-Leuchter als Leihgabe bei. Es ist sehr wahrscheinlich, dass diese Objekte aus seiner Frankfurter Familie stammten. Der Erfolg der Ausstellung bewog Schloss dazu, eine eigene Judaica-Sammlung aufzubauen.

**Chanukka-Leuchter**
Johann Valentin Schüler (1650 – 1720)
Frankfurt am Main, 1681, Silber

# Chanukka-Leuchter

Der Leuchter ist vielfach geschmückt: Er steht auf vier Löwenfüßen und auf seinem Schaft sind vier geflügelte Engelsköpfe angeordnet. Unter den Ölnäpfen ist je ein Glöckchen angebracht und hinter jedem Ölnapf ist ein Baum zu sehen. Vorne stehen Eichhörnchen, Hirsche, Adler und Pelikane. Auch Figuren aus der Bibel sind dargestellt: in der Mitte steht der Kämpfer Juda Makkabi, oben Judith mit dem abgeschlagenen Haupt des Holofernes.

Ein solch prächtiger Leuchter wurde sicher nicht nur zum Chanukka-Fest benutzt, sondern diente das ganze Jahr über als kostbarer Zimmerschmuck.

### Adler, Hirsch und Eichhörnchen

Johann Valentin Schüler hat mehrere Leuchter dieses Typs geschaffen. Aber nur einer zeigt Tierfiguren auf der Lichtleiste.

1681 fand in der Judengasse eine große Hochzeit statt. Der Bräutigam Mosche Speyer wohnte im Goldenen Hirsch. Wahrscheinlich beziehen sich die anderen Hauszeichen auf weitere Familienmitglieder der Brautleute.

Zum Leuchter gehört eine Schabbat-Lampe, die sich heute in New York befindet. In der Frankfurter Judengasse waren „Lampe, Leucht und Becher" traditionelle Hochzeitsgeschenke: Schabbat-Lampe, Chanukka-Leuchter und Kiddusch-Becher stellten die religiöse Grundausstattung für das junge Ehepaar dar.

### Die Überlieferung

Der Leuchter ist als Familienerbstück über mehrere Generationen hinweg aufbewahrt worden. 1909 vermachte ihn Franziska Speyer dem Historischen Museum der Stadt Frankfurt, das den Leuchter an das Museum Jüdischer Altertümer lieh, als es 1922 eröffnet wurde.

1938 wurden die Bestände des Museums Jüdischer Altertümer durch die Gestapo beschlagnahmt. Dem Historischen Museum gelang es, die eigenen Leihgaben und weitere Kultgegenstände vor dem Einschmelzen zu bewahren. Die große Mehrheit der Objekte wurde aber zerstört. 1988 wurde der Leuchter an das neu gegründete Jüdische Museum übergeben.

**Chanukka-Leuchter**
Koblenz, um 1790, Silber, Gemmen

# Chanukka-Leuchter

Dieser Chanukka-Leuchter vereint sehr verschiedenartige Elemente, die an den Tempel in Jerusalem erinnern, von dem das Chanukka-Fest seinen Ausgang nahm.

Der Aufbau des Leuchters spielt auf ein klassisches Tempelgebäude an. Anstatt der Priester aber stehen Moses und Aaron mit der Bundeslade in dem Tempel. Sie waren die ersten Personen, die die Bundeslade in Gottesdiensten nutzten – lange bevor der erste Tempel gebaut wurde. Die kleinen Figuren stehen wie auf einer Theaterbühne, die von den Chanukka-Lichtern vorne eindrucksvoll beleuchtet wird.

Der Leuchter wurde um 1790 in Koblenz geschaffen. 1787 war dort das erste Theater eröffnet worden, so dass man eine gewisse Faszination für das Theater beim unbekannten Auftraggeber dieses Leuchters vermuten kann.

### Schmucksteine

Besonders auffällig sind die zahlreichen Schmucksteine auf dem Leuchter. Sie weisen eingravierte Bilder auf und sind von sehr unterschiedlicher Qualität. Einige sind hochwertig, andere weniger kunstvoll. Dies legt die Vermutung nahe, dass es sich bei den Schmucksteinen um Arbeiten ein und desselben Steinschneiders handelt, die von seiner Lehrlingszeit bis zu seiner Meisterschaft reichten. Das Gravieren und Steinschneiden war traditionell ein Kunsthandwerk, das von vielen Juden ausgeübt wurde.

Der Einsatz der Schmucksteine auf dem Leuchter hat keine Verbindung zu Chanukka. Möglicherweise wurden die Steine in das Ritualobjekt integriert, um ihm eine persönliche Note zu verleihen und es für die Familie zu erhalten.

### Wie feiert man Chanukka?

Ursprünglich hatte der Leuchter acht Ölkrüge, die auf der Leiste vorne aufgestellt waren. Jeden Abend wird beim Chanukka-Fest ein Licht mehr entzündet.

Dabei werden drei Segenssprüche gesprochen, die auch auf dem Leuchter eingraviert sind. Allerdings gibt es zahlreiche Fehler im Hebräischen. Das legt nahe, dass der christliche Silberschmied die Schrift selbst in den Leuchter eingraviert hat.

# Berufe

Die Bewohner der Judengasse übten unterschiedliche Berufe aus. Es gab zahlreiche Berufe, die zur Aufrechterhaltung der sozialen wie auch der religiösen Ordnung notwendig waren. Dazu gehörten Richter, Rabbiner und Vorsänger in der Synagoge ebenso wie Schächter, Lehrer, Schreiber, Hebammen oder Frauen, die das rituelle Bad betreuten.

Seit dem 17. Jahrhundert arbeiteten die meisten Juden im Handel. Die Messe spielte eine wichtige Rolle für die Kaufleute, die mit Textilien, Gewürzen, Ölen, Pferden oder Metallen handelten. Neben den Großhändlern, die ihre Waren auch überregional verkauften, lebte die Mehrheit der jüdischen Kaufleute vom Klein- und Hausierhandel. Vor allem der Kauf und Verkauf von gebrauchten Kleidern war weit verbreitet. Daneben gab es jüdische Geldhändler ebenso wie Lotterie-Verkäufer, Ärzte und natürlich zahlreiche Dienstboten: So lebten im Jahr 1694 über 200 jüdische Mägde in der Judengasse.

**Münzwaage**
Daniel vom Berg (1733 – 1804)
Lennep, 18. Jh., Holz, Messing, Eisen
Historisches Museum Frankfurt

# Geldwechsler

In der Frankfurter Judengasse arbeiteten viele Geldwechsler. Münzen wurden gemeinhin über ihr Metallgewicht verglichen, deshalb war die Waage ihr wichtigstes Instrument. Deutschland bestand aus vielen Territorien, die alle ihre eigenen Münzen hatten. Insbesondere in Messezeiten war das Wechseln von einer Währung in die andere daher dringend erforderlich. Da Juden oft im Geldgeschäft arbeiteten, hatten sie einen guten Überblick über die verschiedenen kursierenden Geldsorten. Gegen Entgelt wogen sie fremdländische Münzen ab und tauschten sie in die benötigte Währung um.

**Schmuckblatt mit Gebeten**
Frankfurt am Main, 1797, Tinte auf Pergament

אל מלך יושב על כסא רחמים מתנהג
בחסידות מוחל עונות עמו מעביר
ראשון ראשון מרבה מחילה לחטאים
וסליחה לפושעים עושה צדקות עם כל
בשר ורוח לא כרעתם תגמול אל הורית לנו לומר שלש
עשרה זכור לנו היום ברית שלש עשרה כהודעת לעניו מ
מקדם וכן כתוב וירד יי בענן ויתיצב עמו שם ויקרא בשם יי:
ויעבור יי על פניו ויקרא
יי יי אל רחום וחנון ארך אפים ורב חסד ואמת
נוצר חסד לאלפים נושא עון ופשע וחטאה
ונקה וסלחת לעוננו ולחטאתנו ונחלתנו סלח לנו אבינו
כי חטאנו מחל לנו מלכנו כי פשענו כי אתה יי טוב וסלח
ורב חסד לכל קוראיך:
ליי הישועה על עמך ברכתך סלה: יי צבאות
עמנו משגב לנו אלהי יעקב סלה: יי צבאות
אשרי אדם בוטח בך: יי הושיעה המלך יעננו ביום
קראנו: כי לא על צדקותינו אנחנו מפילים תחנונינו ל
לפניך כי על רחמיך הרבים: אדני שמעה יי סלחה
אדני הקשיבה ועשה אל תאחר למענך אלהי כי שמך
נקרא על עירך ועל עמך:

# Schreiber

Dieses geschmückte Blatt mit Bußgebeten wurde von Abraham Lipmann geschrieben. Er war ein Schreiber, genannt Sofer. Diese Berufsbezeichnung bezieht sich vor allem auf heilige Texte: Der Sofer schrieb die Tora (die Fünf Bücher Mose), die Tefillin (die Texte in den Gebetsriemen) und die Texte in den Mesusot (Schriftkapseln an den Türpfosten).

Im Nebenerwerb erledigten die Schreiber aber auch oft die Schreibarbeiten für die Gemeinde. Oder sie stellten kunstvolle Urkunden aus, denn oftmals waren die Schreiber auch Meister der Kalligrafie.

Der Beruf des Schreibers war hoch angesehen und bedurfte einer langen Ausbildung sowie perfekter Bibel- und Hebräisch-Kenntnisse.

**Die Gebete**

Im aschkenasischen Judentum werden an den hohen Feiertagen, dem Neujahrs- und dem Versöhnungstag, Bußgebete gesprochen. Auf der vorliegenden Tafel findet sich der Hauptbestandteil dieser Liturgie. Es sind die 13 Eigenschaften Gottes, die in der biblischen Überlieferung so beginnen: „Der Herr ist ein barmherziger und gnädiger Gott, langmütig, reich an Huld und Treue".

Das Schmuckblatt war ein Hochzeitsgeschenk des Schreibers Lipmann an den Gemeindevorsteher Jakob Abraham Dow Bär. In der hebräischen Widmung wird es mit dem jiddischen Ausdruck als „Ein Wurf"-Geschenk bezeichnet. Für solche Geschenke standen bei Hochzeiten besondere Becken bereit, in welche die Gaben geworfen wurden.

**Glasbehälter und Salbentöpfchen aus den Ausgrabungen 1987**
Frankfurt am Main, 16.–19. Jh., Glas; Irdenware, z.T. glasiert
Archäologisches Museum Frankfurt

# Arzt

Die verschiedenen Gläser und Töpfchen stammen aus den Ausgrabungen der Judengasse. Sie dienten wahrscheinlich zur Aufbewahrung von Medizin und Salben und verweisen auf die Tätigkeit von Ärzten.

Jüdische Ärzte waren in Frankfurt bereits im Mittelalter tätig, unter ihnen befanden sich auch einige wenige Ärztinnen. Seit dem 17. Jahrhundert gab es in der Judengasse immer zwei von der Gemeinde angestellte Ärzte. Ihre Aufgaben und Pflichten waren ebenso wie das Honorar genau festgelegt; arme Patienten wurden kostenlos behandelt. Die Ärzte besuchten die Kranken in ihren Häusern, sie betreuten aber auch die Patienten in den beiden Krankenhäusern der jüdischen Gemeinde.

### Doktor der Medizin

Als einzige Universität in Europa ließ die Universität Padua in Italien jüdische Studenten zu. Auch die ersten jüdischen Ärzte in Frankfurt machten dort ihren Universitätsabschluss. Einer davon war Moses Lucerna, der ursprünglich aus Mantua stammte. 1570 kam er nach Frankfurt, er war der erste Arzt, der bei der jüdischen Gemeinde angestellt wurde. Ein weiterer Arzt war Josef Salomo Delmedigo aus Candia auf Kreta. Er war ein vielseitiger Gelehrter, der in Padua neben Medizin unter anderem Astronomie bei Galileo Galilei studiert hatte.

**Ziehungsliste der Fürstlich-Hessischen Lotterie**
Hanau, 1799, Papier

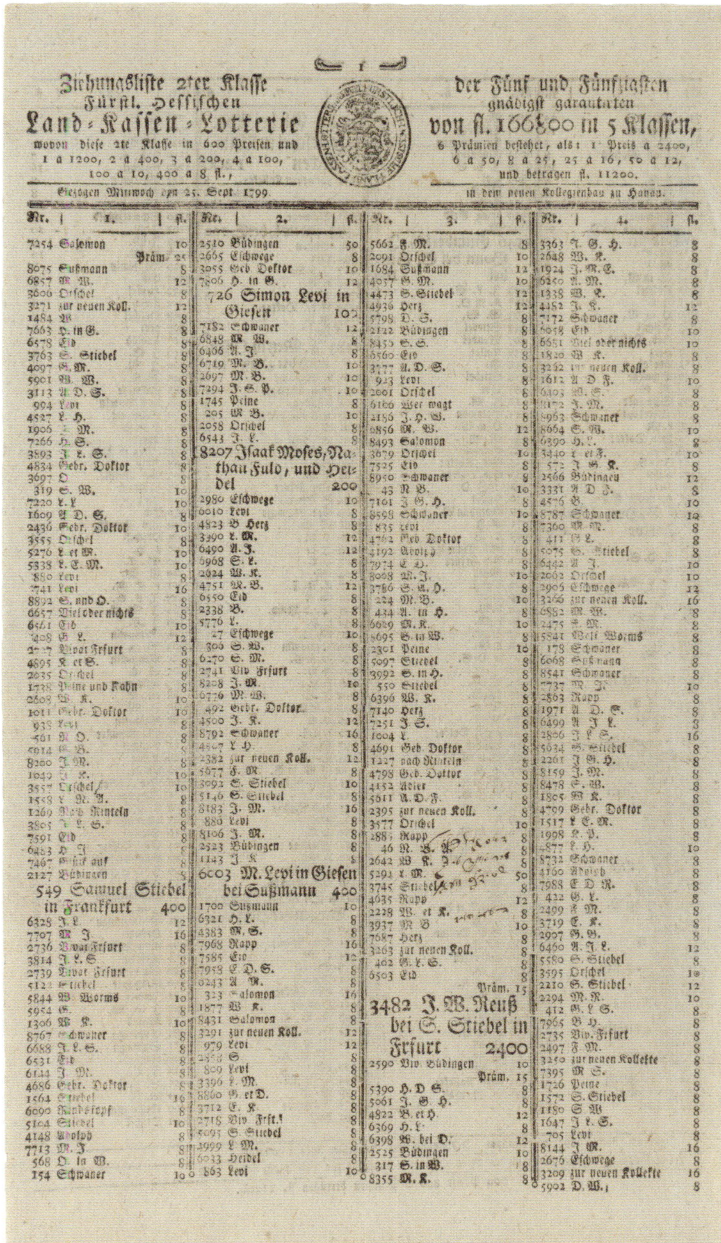

— 1 —

Ziehungsliste 2ter Klasse der Fünf und Fünfzigsten
Fürstl. Hessischen gnädigst garantirten
Land-Kassen-Lotterie von fl. 166800 in 5 Klassen,
wovon diese 2te Klasse in 600 Preisen und 6 Prämien bestehet, als: 1 Preis a 2400, 1 a 1200, 2 a 400, 3 a 200, 4 a 100, 6 a 50, 8 a 25, 25 a 16, 50 a 12, 100 a 10, 400 a 8 fl., und betragen fl. 11200.

Gezogen Mittwoch den 25. Sept. 1799. in dem neuen Kollegienbau zu Hanau.

| Nr. | 1. | fl. |
|---|---|---|
| 7254 | Salomon | 10 |
| | Präm. | 25 |
| 8075 | Sußmann | 8 |
| 6857 | M. W. | 12 |
| 3606 | Drschel | 8 |
| 3271 | zur neuen Koll. | 12 |
| 1484 | W | 8 |
| 7663 | H. in G. | 8 |
| 6578 | Eid | 8 |
| 3763 | S. Stiebel | 8 |
| 4097 | H. M. | 8 |
| 5901 | B. W. | 8 |
| 3113 | A. D. S. | 8 |
| 994 | Levi | 8 |
| 4527 | L. H. | 8 |
| 1906 | M. | 8 |
| 7266 | H. S. | 8 |
| 3893 | J. L. S. | 8 |
| 4834 | Gebr. Doktor | 8 |
| 3697 | D | 8 |
| 319 | S. W. | 8 |
| 7220 | L. L | 10 |
| 1609 | A D. S. | 8 |
| 2436 | Gebr. Doktor | 10 |
| 3555 | Drschel | 8 |
| 5276 | L. et M. | 10 |
| 5338 | L. C. M. | 10 |
| 880 | Levi | 8 |
| 741 | Levi | 16 |
| 8892 | S. und D. | 8 |
| 6657 | Viel oder nichts | 8 |
| 6541 | Eid | 10 |
| 208 | G L. | 12 |
| [illegible] | Vivat Frfurt | 8 |
| 4695 | K. et S. | 8 |
| 2035 | Drschel | 8 |
| 1738 | Peine und Kahn | 8 |
| 2608 | W. K. | 10 |
| 1011 | Gebr. Doktor | 10 |
| 938 | Levi | 8 |
| 561 | M. D. | 8 |
| 5014 | B. | 8 |
| 8200 | J. M. | 8 |
| 1040 | J. K. | 10 |
| 3557 | Drschel | 10 |
| 1558 | L. M. A. | 8 |
| 1269 | Nach Rinteln | 8 |
| 3805 | L. S. | 8 |
| 7591 | Eid | 8 |
| 6453 | D. J. | 8 |
| 7467 | Frisch auf | 8 |
| 2127 | Büdingen | 8 |
| 549 | Samuel Stiebel in Frankfurt | 400 |
| 6328 | J. L. | 12 |
| 7707 | M. J. | 16 |
| 2736 | Vivat Frfurt | 8 |
| 3814 | J. L. S. | 8 |
| 2739 | Vivat Frfurt | 8 |
| 5121 | Stiebel | 8 |
| 5844 | W. Worms | 10 |
| 5954 | G. | 8 |
| 1306 | W. K. | 10 |
| 8767 | Schwaner | 8 |
| 6688 | J. L. S. | 8 |
| 6531 | Eid | 8 |
| 6144 | J. M. | 8 |
| 4686 | Gebr. Doktor | 8 |
| 1564 | Stiebel | 10 |
| 6090 | Kindskopf | 8 |
| 5104 | Stiebel | 10 |
| 4148 | Adolph | 8 |
| 7713 | M. J. | 8 |
| 568 | D. in W. | 8 |
| 154 | Schwaner | 10 |

| Nr. | 2. | fl. |
|---|---|---|
| 2510 | Büdingen | 50 |
| 2665 | Eschwege | 8 |
| 3055 | Geb. Doktor | 10 |
| 7806 | H. in G. | 12 |
| 726 | Simon Levi in Giesen | 100 |
| 7182 | Schwaner | 12 |
| 6848 | M. W. | 8 |
| 6406 | A. J. | 8 |
| 6719 | M. B. | 10 |
| 2697 | M. B. | 10 |
| 7294 | J. S. P. | 10 |
| 1745 | Peine | 8 |
| 205 | M. B. | 10 |
| 2058 | Drschel | 8 |
| 6543 | J. L. | 8 |
| 8207 | Isaak Moses, Nathan Fulo, und Heidel | 200 |
| 2980 | Eschwege | 10 |
| 6010 | Levi | 8 |
| 4823 | B Herz | 8 |
| 3390 | L. M. | 12 |
| 6490 | A. J. | 12 |
| 6968 | S. L. | 8 |
| 2624 | W. K. | 8 |
| 4751 | M. B. | 12 |
| 6550 | Eid | 8 |
| 2338 | B. | 8 |
| 5776 | L. | 8 |
| 27 | Eschwege | 10 |
| 306 | S. W. | 8 |
| 6270 | S. M. | 8 |
| 2741 | Viv Frfurt | 8 |
| 8208 | J. M. | 10 |
| 6776 | M. B. | 8 |
| 492 | Gebr. Doktor | 8 |
| 4500 | J. K. | 12 |
| 8792 | Schwaner | 16 |
| 4567 | L. H. | 8 |
| 2382 | zur neuen Koll. | 12 |
| 5677 | S. M | 8 |
| 3092 | S. Stiebel | 10 |
| 5146 | S. Stiebel | 8 |
| 8183 | J. M. | 16 |
| 880 | Levi | 8 |
| 8106 | J. M. | 8 |
| 2523 | Büdingen | 8 |
| 1143 | J. K | 8 |
| 6003 | M. Levi in Giesen bei Sußmann | 400 |
| 1700 | Sußmann | 10 |
| 6321 | H. L. | 8 |
| 4383 | M. S. | 8 |
| 7968 | Rapp | 16 |
| 7585 | Eid | 12 |
| 7958 | L. D. S. | 8 |
| 6243 | A. M. | 8 |
| 323 | Salomon | 16 |
| 1877 | W. K. | 8 |
| 8431 | Salomon | 8 |
| 3291 | zur neuen Koll. | 12 |
| 979 | Levi | 12 |
| 2358 | S | 8 |
| 809 | Levi | 8 |
| 3396 | L. M. | 8 |
| 8860 | G. et D. | 8 |
| 3712 | L. K | 8 |
| 2718 | Viv Frft.! | 8 |
| 5095 | S. Stiebel | 8 |
| 3999 | L. M. | 8 |
| 6033 | Heidel | 8 |
| 863 | Levi | 10 |

| Nr. | 3. | fl. |
|---|---|---|
| 5662 | K. M. | 8 |
| 2091 | Drschel | 10 |
| 1684 | Sußmann | 12 |
| 4057 | G. M. | 10 |
| 4473 | S. Stiebel | 12 |
| 4936 | Herz | 12 |
| 5798 | D. S. | 8 |
| 2122 | Büdingen | 8 |
| 8455 | S. S. | 8 |
| 5560 | Eid | 8 |
| 3777 | A. D. S. | 8 |
| 923 | Levi | 8 |
| 2601 | Drschel | 8 |
| 6166 | Wer wagt | 8 |
| 2156 | J. H. W. | 8 |
| 6856 | M. W. | 12 |
| 8493 | Salomon | 8 |
| 3679 | Drschel | 10 |
| 7525 | Eid | 8 |
| 8950 | Schwaner | 8 |
| 43 | N B. | 10 |
| 7161 | J G. H. | 8 |
| 6598 | Schwaner | 10 |
| 835 | Levi | 8 |
| 4762 | Geb Doktor | 8 |
| 4192 | Adolph | 8 |
| 7974 | L D. | 8 |
| 8068 | W. J. | 10 |
| 3786 | S. L. H. | 8 |
| 224 | M. B. | 10 |
| 434 | A. in H. | 8 |
| 6629 | M. K. | 10 |
| 5695 | S. in W. | 8 |
| 2301 | Peine | 10 |
| 5097 | Stiebel | 8 |
| 3992 | S. in H. | 8 |
| 550 | Stiebel | 8 |
| 6396 | W. K. | 8 |
| 7140 | Herz | 8 |
| 7251 | J. S. | 8 |
| 1004 | L | 8 |
| 4691 | Geb. Doktor | 8 |
| 1227 | nach Rinteln | 8 |
| 4798 | Geb. Doktor | 8 |
| 4152 | Adler | 8 |
| 5011 | A. D. F. | 8 |
| 2395 | zur neuen Koll. | 8 |
| 3577 | Drschel | 10 |
| 2883 | Rapp | 8 |
| 46 | N. W. | 8 |
| 2642 | W K. | 8 |
| 5292 | L M. | 50 |
| 3745 | Stiebel | 8 |
| 4635 | Rapp | 12 |
| 2228 | W. et K. | 8 |
| 3937 | M B | 10 |
| 7687 | Herz | 8 |
| 3263 | zur neuen Koll. | 8 |
| 402 | G. L. S. | 8 |
| 6503 | Eid | 8 |
| | Präm. | 15 |
| 3482 | J. W. Reuß bei S. Stiebel in Frfurt | 2400 |
| 2590 | Viv. Büdingen | 10 |
| | Präm. | 15 |
| 5390 | H. D S. | 8 |
| 5061 | J. G. H. | 8 |
| 4822 | B. et H. | 12 |
| 6369 | H. L. | 8 |
| 6398 | W. bei D. | 12 |
| 2525 | Büdingen | 10 |
| 317 | S. in W. | 8 |
| 8355 | M. K. | 8 |

| Nr. | 4. | fl. |
|---|---|---|
| 3363 | J. G. H. | 8 |
| 2648 | W. K. | 8 |
| 1924 | J. M. C. | 8 |
| 6260 | A. M. | 8 |
| 1338 | W. L. | 8 |
| 4352 | J. L. | 12 |
| 7172 | Schwaner | 8 |
| 6058 | Eid | 10 |
| 6651 | Viel oder nichts | 10 |
| 1820 | W. K. | 8 |
| 3242 | zur neuen Koll. | 8 |
| 1612 | A D. F. | 10 |
| 6303 | M. S. | 8 |
| 4172 | J. M. | 8 |
| 6963 | Schwaner | 8 |
| 6664 | S. W. | 10 |
| 6390 | H. L. | 8 |
| 3440 | L et F. | 10 |
| 572 | J. W. K. | 8 |
| 2566 | Büdingen | 12 |
| 3331 | A D S. | 8 |
| 4576 | W. | 10 |
| 8787 | Schwaner | 10 |
| 7360 | M. M. | 8 |
| 411 | G L. | 8 |
| 5075 | S. Stiebel | 8 |
| 6442 | A J. | 10 |
| 2062 | Drschel | 10 |
| 2905 | Eschwege | 12 |
| 3266 | zur neuen Koll. | 16 |
| 6582 | M. W. | 8 |
| 2475 | F. M. | 8 |
| 5841 | Welt Worms | 8 |
| 178 | Schwaner | 8 |
| 6068 | Sußmann | 8 |
| 8541 | Schwaner | 8 |
| 7737 | M. J. | 10 |
| 2863 | Rapp | 8 |
| 1971 | A. D. S. | 8 |
| 6499 | A J L. | 8 |
| 2896 | J L S. | 16 |
| 5634 | S. Stiebel | 8 |
| 2261 | J G. H. | 8 |
| 8159 | J. M. | 8 |
| 8478 | S. W. | 8 |
| 1805 | W K. | 8 |
| 4709 | Gebr. Doktor | 8 |
| 1517 | L C. M. | 8 |
| 1998 | L. P. | 8 |
| 4877 | L. H. | 10 |
| 8732 | Schwaner | 8 |
| 4160 | Adolph | 8 |
| 7988 | C D M. | 8 |
| 422 | G. L. | 8 |
| 2499 | K M. | 8 |
| 3719 | C. K. | 8 |
| 2907 | G. B. | 8 |
| 6460 | A. J. L. | 12 |
| 5580 | S. Stiebel | 8 |
| 3595 | Drschel | 10 |
| 2210 | S. Stiebel | 12 |
| 2294 | M. M. | 10 |
| 412 | G. L S. | 8 |
| 7965 | B H. | 8 |
| 2735 | Viv. Frfurt | 8 |
| 2497 | F. M. | 8 |
| 3250 | zur neuen Kollekte | 8 |
| 7395 | M S. | 8 |
| 1726 | Peine | 8 |
| 1572 | S. Stiebel | 8 |
| 1180 | S W | 8 |
| 1647 | J L. S. | 8 |
| 705 | Levi | 8 |
| 8144 | J M. | 16 |
| 2676 | Eschwege | 8 |
| 3209 | zur neuen Kollekte | 16 |
| 5902 | D. W. | 8 |

# Lotteriekollekteur

Im 18. Jahrhundert fanden Lotterien weite Verbreitung. Auch die Stadt Frankfurt legte Lotterien auf. Sie erlaubte aber auch den Vertrieb von Lotterien aus anderen Städten, den oft jüdische Unternehmer organisierten. Diese Kaufmänner garantierten den Auftraggebern der Lotterien die Einnahmen, verkauften die Lose und hafteten für die Gewinne der Käufer. Dieser Beruf, der sogenannte Lotteriekollekteur, war für Juden weitgehend frei zugänglich und verhieß neben materiellem Gewinn auch soziales Ansehen. Der Lotteriekollekteur Samuel Seligmann Stiebel (gest. 1800) trug als Pächter und Hauptverantwortlicher der Hanauischen Landkassenlotterie etwa den Titel eines Hofagenten.

### Familienbetrieb

Die Familie Stiebel, genannt nach dem Namen ihres Hauses, war ein Zweig der Familie Günzburg aus Schwaben, die seit etwa 1560 in Frankfurt ansässig war. Die Familienmitglieder handelten mit Häuten und Textilien; vor allem aber waren sie Lotteriekollekteure für verschiedene Lotterien. Seit Seligmann Abraham Stiebel (1756–1796) waren die Nachfahren fast hundert Jahre lang – bis 1866 – im Lotteriegeschäft tätig. Wie für viele Berufe ohne festgelegte Ausbildung war auch hier die Weitergabe der praktischen Kenntnisse an die Kinder ein großer Vorteil und führte zu hoher Spezialisierung.

**Messer für die Beschneidung**
Deutschland, 18. Jh., Eisen, Silber, Achat

# Beschneider

Nach jüdischer Tradition wird jeder Knabe im Alter von acht Tagen durch den Beschneider, den Mohel, beschnitten. Dies ist eine religiöse Pflicht und bedeutet die Aufnahme in den Bund der Juden mit Gott.

Jeder Mohel verfügt über eine praktische Ausbildung und eine weitreichende religiöse Bildung. Sein Lebenswandel sollte streng an den Religionsgesetzen ausgerichtet sein.

In der Judengasse arbeiteten die Beschneider ehrenamtlich, sie waren keine Angestellten der Gemeinde. Bisweilen erhielten sie den Beinamen Mohel, aus dem sich später die Nachnamen Mohler, Mehler oder Müller entwickelten.

### Verschlungene Wege

Der Antiquitätenhändler Isidor Reiling aus Mainz schenkte das Messer 1893 dem Historischen Museum Frankfurt, welches schon früh die materiellen Zeugnisse jüdischer Kultur sammelte. Später wurde das Messer mit weiteren Objekten dem neu gegründeten Museum Jüdischer Altertümer geliehen.

In der Pogromnacht 1938 plünderten SS und SA das Museum und beschlagnahmten über 1000 Objekte. Erst nach Ende des Zweiten Weltkriegs erhielt das Historische Museum sein Eigentum zurück. Als Ersatz für die zahlreichen zerstörten Ausstellungsobjekte wurden dem Historischen Museum zwei goldene Becher übereignet, die eigentlich dem Museum Jüdischer Altertümer gehört hatten. 1988 übergab das Historische Museum diese Objekte dem neu gegründeten Jüdischen Museum.

**Rechnungsbuch der Garküche**
Frankfurt am Main, 1785 – 1804, Leder, Pappe, Papier

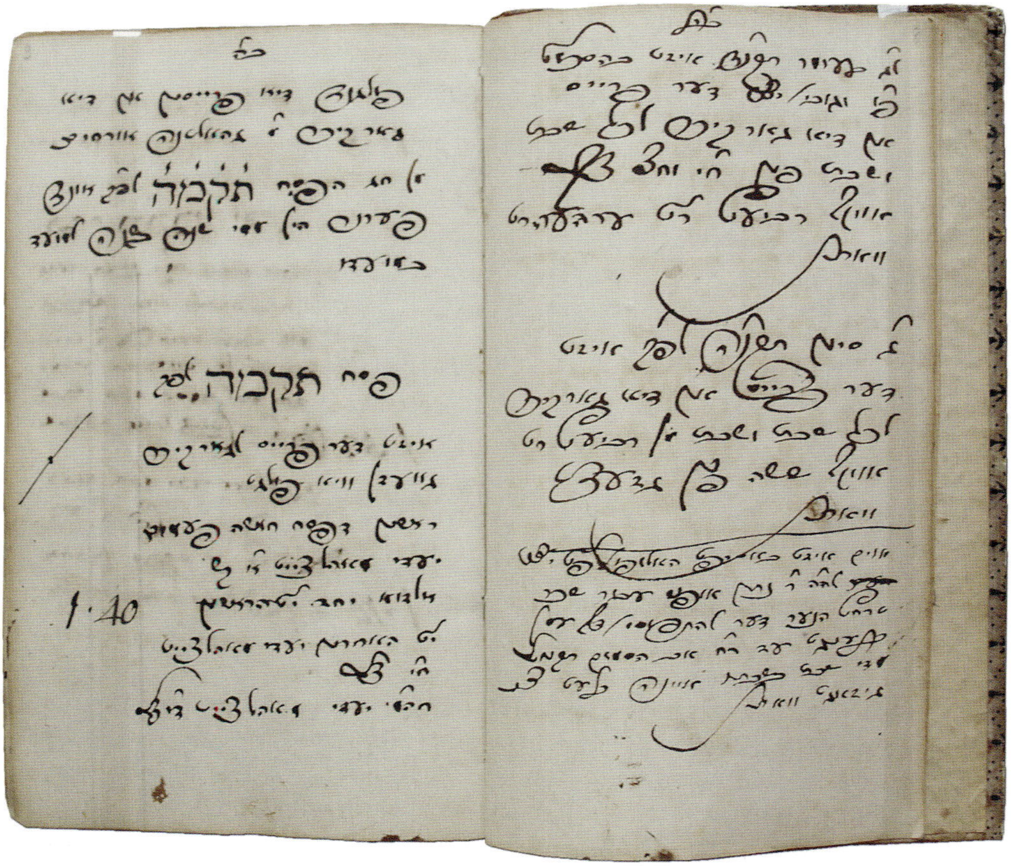

# Kastenherr

Die Finanzverwalter der Judengasse hießen Kastenherren, denn das Geld wurde ursprünglich in Kästen oder Kisten verwahrt.

Die Kastenherren gehörten zur Führung der jüdischen Gemeinde und waren nur den Baumeistern, den Vorstehern der Gemeinde, untergeben. Eigentlich wurden sie auf sechs Jahre gewählt, hatten ihr Amt aber oft auf Lebenszeit inne. Die Kastenherren besaßen viel Macht und verwalteten unter anderem den Wohlfahrtsfonds der Gemeinde. Aus diesem wurden die Fürsorge für Arme, Waisen und Alte, die Unterstützung notleidender Tora-Gelehrter und die Ausstattung armer Bräute finanziert. Bedürftige bekamen gegen ein geringes Entgelt Essen in der Suppenküche der Judengasse.

### Die Garküche

Die Unterstützung für arme und durchreisende Juden wurden in vielen jüdischen Gemeinden mit Hilfe von Berechtigungsscheinen, sogenannten Pletten, organisiert. Wohlhabende gaben die Pletten bei den Kastenherren ab. Hilfsbedürftige erhielten eine Plette, die zu einer Mahlzeit im Haus des Plettenspenders berechtigte.

In der Mitte des 18. Jahrhunderts wurde dieses System zeitweise außer Kraft gesetzt. Die Gemeinde ernährte die Armen nun auf Gemeindekosten in der Garküche. Für manche Wochen kamen so Ausgaben von 50 Gulden zusammen. Dies entsprach ungefähr 500 Mahlzeiten. Im Rechnungsbuch sind diese Kosten für die Feiertage festgehalten. Die Vermerke sind in einer Mischung aus Hebräisch und Jiddisch verfasst.

### Klage eines Kastenherrn

Der Kastenherr Beyfus gab im Jahr 1764 einen Einblick in seinen Alltag. Er war mit der Rechnungsführung im Rückstand und verfasste folgende Klage, um sich zu entlasten: „Sitze ich bei der Arbeit, so behelligen mich die Baumeister mit ihren Angelegenheiten und verwirren mich völlig. Hunderte von Kleinigkeiten hemmen den Fortgang meiner Arbeit. Bald kommt einer in die Kastenstube, um ein Haus, bald einer um einen Schulsessel (Sitz in der Synagoge) zu verkaufen, bald will einer heiraten, bald war dieses, bald jenes. Habe ich dennoch die Rechnungen zustande gebracht, so ergeben sich alle Augenblicke neue Streitigkeiten über Quittungen."

**Fragmente einer Gewürzwaage aus den Ausgrabungen 1987**
Frankfurt am Main, 18. Jh., Bronze, Messing
Archäologisches Museum Frankfurt

# Gewürzhändler

Im Haus Grüner Wald lebte im Jahr 1694 eine vierköpfige Familie, die aus Worms zugezogen war. Der Mann war Vorsänger in der Synagoge; den Lebensunterhalt verdiente die Familie aber mit dem Gewürzhandel. Dieser wurde sowohl mit den Christen außerhalb der Judengasse als auch mit anderen Juden betrieben, die Gewürze für ihre Speisen wie auch für die Durchführung der Zeremonie am Ende des Schabbats benötigten. Das Gewicht, das in diesem Haus gefunden wurde, stammt vermutlich aus dem Besitz der Familie aus Worms. Es wurde für eine Feinwaage verwendet, die man etwa zum Abwiegen von Gewürzen braucht.

In Frankfurt war Juden der Verkauf von Gewürzen an Christen eigentlich nur in ganzen Säcken oder in Fässern erlaubt. Diese Waage wurde daher wahrscheinlich nur innerhalb der Judengasse verwendet.

Kalender auf das Jahr 1782/83
Druck: Wolf Levi Erben, Frankfurt am Main, 1782

מזל גדי טבת כט יום

ריח ו א ו ניקלאס
מקן ושבת חנוכה ז ב ז
חנוכת המזבח א ג ח
ב ד ט
ג ה יוד
ד ו יא
ה ז יב
ו ח יג לוציא
ויגש ז ט יד
עשרה בטבת א יוד טו
ב יא טז
ג יב יז
ד יג יח קוואטעמבר
ה יד יט
ו טו כ

המולד ה ט רח (כוכב)

דער מולד איזט דאנרשטאג פאר טאג
באלד איין פירטל נאך דרייא אויע

מזל גדי טבת כט יום

ויחי ז טז כא טומאס טאג
א יז כב ליל ארוכה)
ב יח כג
ג יט כד
ד כ כה ווייה נאכטן
ה כא כו
ו כב כז
שמות ומיה ז כג כח
תענית פ״פ א כד כט
ב כה ל
ג כו לא
ד כז א יאנואריוס׳ נייא יאר׳סטאג 1783 (ווארט לייפציג)
ה כח ב
ו כט ג

# Kaufmann

Der Kalender ist auf die Bedürfnisse von jüdischen Kaufleuten zugeschnitten, die zu den Messen fuhren. Jede Doppelseite zeigt einen Monat des jüdischen Kalenders. In der Mitte sind drei Spalten mit Zahlen in hebräischen Buchstaben. Die mittlere Spalte zählt die Tage, rechts daneben stehen die Wochentage. Die linke Spalte ist mit den entsprechenden Tagen und Monatsnamen des christlichen Kalenders beschriftet.

Rechts am Rand stehen der Bibelabschnitt, der in der betreffenden Woche in der Synagoge gelesen wird, sowie die Feiertage. Der linke Rand enthält die Namen der christlichen Monate, die christlichen Feiertage und nennt die Messetermine in verschiedenen Städten.

### Vielsprachigkeit

Der Kalender ist in Hebräisch und Jiddisch gedruckt, wobei zwei verschiedene Schriftarten verwendet wurden. Eingangs findet sich eine Übersicht über wichtige Daten der Vergangenheit. Wie viele Jahre seit dem jeweiligen Ereignis vergangen sind, ist in arabischen Zahlen angegeben: seit der Weltschöpfung 5542 Jahre, seit der Sintflut 3887 Jahre, seit der Zerstörung des Tempels – das letzte der genannten Ereignisse – 1714 Jahre.

Die vielfachen Beziehungen zu Christen brachten eine hohe Schreib- und Sprechkompetenz in verschiedenen Sprachen mit sich. Juden untereinander verständigten sich hingegen stets in Jiddisch und sprachen Hebräisch, wenn sie zeremonielle Handlungen vollzogen oder in der Synagoge beteten.

**Notizen aus dem Rabbinatsgericht**
Chaim Gundersheimer (um 1740 – 1795)
Frankfurt am Main, 1768 – 1792, Papier

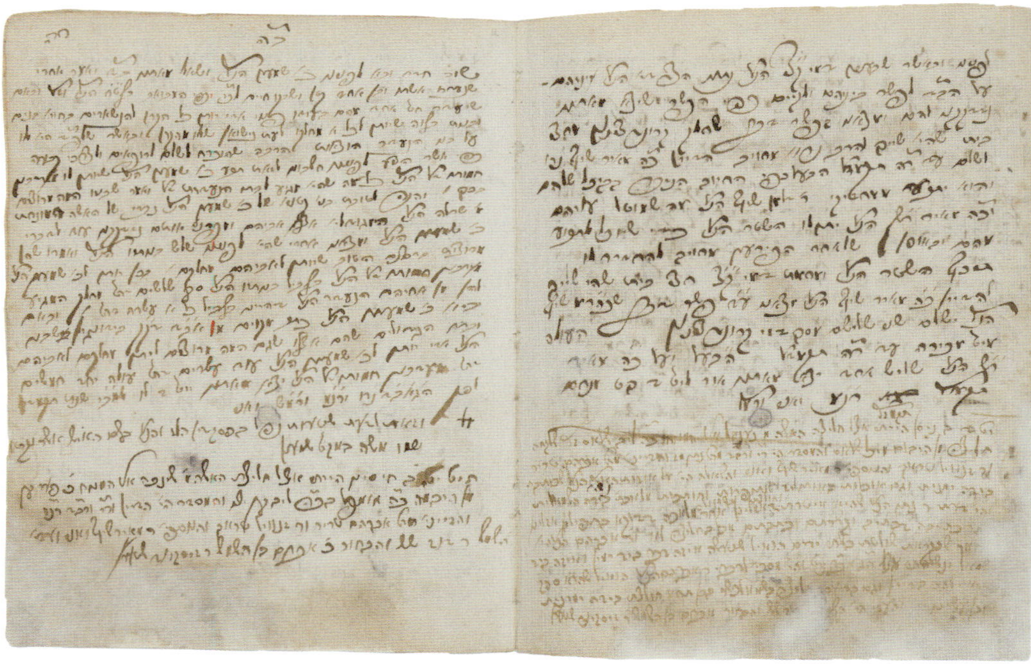

# Richter am Rabbinatsgericht

Die jüdische Gemeinde unterhielt ein eigenes Gericht, das aus einem vorsitzenden Rabbiner und zwei Richtern bestand, die auch rabbinische Gelehrte waren.

Chaim Gundersheimer war 30 Jahre lang Richter am Rabbinatsgericht. Er führte ein privates Protokoll seiner Fälle und Entscheidungen. Diese Hefte geben einen seltenen Einblick in die Arbeit des Gerichts und in die Fälle, die ihm vorgelegt wurden. Den weitaus größten Teil nehmen Eigentumsstreitigkeiten ein, die sich vor allem aus dem geteilten Besitz von Häusern ergaben. Auch über die Bezahlung von nicht beglichenen Rechnungen oder ausstehendem Lohn entschied das Gericht. Viel seltener waren religiöse Rituale wie etwa Scheidungen vorzunehmen.

### Vormund und Vermögensverwalter

Häufig wurde das Gericht auch in Treuhands- und Vermögensfragen angerufen. Von einem solchen Fall erzählt diese Seite des Protokollbuchs vom 9. Mai 1787:

Die Dienstmagd Sorle hatte eine größere Geldsumme gespart, die sie zu gleichen Teilen ihren sechs Enkelkindern vermachte. Das Erbe sollte erst zu deren Heirat ausgezahlt werden. Sollte eines vorher sterben, kam sein Anteil den Geschwistern zugute.

Als ein Enkel starb, beantragte der Vater beim Gericht, dessen Anteil hingegen sofort auszuzahlen. Er argumentierte, dass er das Geld brauche, um die verarmte Familie zu ernähren. Nach Anhörung der Enkelkinder entschied das Gericht: Ein geringer Teil des Erbes durfte zur Linderung der akuten Not verwendet werden.

# Hofjuden – die Oberschicht der Judengasse

Im Zeitalter des Absolutismus, im 17. und 18. Jahrhundert, beschäftigten Fürsten und Könige sogenannte Hoffaktoren. Waren sie jüdisch, wurden sie auch Hofjuden genannt.

Sie waren für die Kredite und die Finanzierung des Hofes und des Staates zuständig oder lieferten Juwelen und andere Luxusgegenstände in die Schlösser. Sie betrieben Manufakturen und prägten Münzen. Oft waren sie auch als Armeeausrüster tätig: Sie stellten Stoffe für Uniformen bereit, organisierten Futter und Pferde oder kamen für die Verpflegung und Bezahlung der Soldaten auf. Dies alles war in der Frühen Neuzeit auch eine logistische Herausforderung.

Die Hoffaktoren griffen dabei auf ein weit gespanntes Netz von Familienbeziehungen zurück. Söhne und Töchter befreundeter Familien wurden miteinander verheiratet, so dass den Hoffaktoren an den wichtigen Handelsorten vertrauenswürdige Familienmitglieder mit den nötigen Ortskenntnissen zur Verfügung standen. Manchmal entstanden geradezu Dynastien von Hofjuden, wie die Wertheimers und die Oppenheimers, die in mehreren Generationen als Hoffaktoren wirkten. Um die Gelder für einen Kredit an einen Herrscher zu organisieren, zahlten Familienmitglieder ein, aber auch christliche Einleger konnten sich beteiligen.

Die Stellung der Hoffaktoren war mitunter sehr herausgehoben und sie hatten auf ihren Fürsten und seine Politik beträchtlichen Einfluss. Sie waren andererseits allein von dessen Gunst abhängig und konnten ihre Privilegien und ihren Reichtum auch sehr schnell verlieren.

Hoffaktoren gehörten zur jüdischen Oberschicht. Oft waren sie sehr gebildet. Sie waren häufig die weltlichen Leiter der Gemeinde oder setzten sich als Fürsprecher bei ihren Fürsten und Herrschern für die Juden ein.

Innerhalb der Gemeinde traten sie als Mäzene auf, richteten fromme Stiftungen ein oder halfen Armen, zum Beispiel Waisenmädchen mit der Ausstattung einer Mitgift.

**Chanukka-Leuchter aus dem Besitz von Samson Wertheimer (1658–1724)**
Thomas Tübner (Meister 1692), Halberstadt, 1713, Silber, teilvergoldet
Sammlung Dr. David und Jemima Jeselsohn, Schweiz
Abb. mit freundlicher Genehmigung von Sotheby's, Inc. © 2016

# Chanukka-Leuchter

Der Chanukka-Leuchter stammt aus dem Besitz von Samson Wertheimer. Wahrscheinlich war er ein Geschenk des Halberstädter Hofjuden Issachar Behrend Lehmann (1661–1730). Wertheimer, aus Worms gebürtig, war Hoffaktor des Kaisers in Wien, wo er seit 1684 lebte. Zusammen mit Samuel Oppenheimer übernahm er die Bankgeschäfte des Kaiserhofs. Später wurde Wertheimer als „Hof- und Kriegsoberfaktor" der alleinige Kreditgeber der österreichischen Regierung und mit vielen Privilegien ausgestattet. Gleichzeitig war er Landesrabbiner von Ungarn. Wertheimer reiste viel und hatte ein weit gespanntes Familien- und Geschäftspartnernetz. Auch Frankfurt besuchte Wertheimer häufig; seine Tochter war hier verheiratet. In der Judengasse besaß er das prächtige Steinerne Haus.

Vorne befindet sich die Leiste für die acht Chanukka-Lichter. Die Rückwand und die Seitenteile sind mit typischem Chanukka-Schmuck versehen, also mit der Menora, der Tempelleuchte, und mit Figürchen von Makkabäern, die eine wichtige Rolle in der Chanukka-Erzählung spielen.

Links und rechts sind auf Hebräisch ein Segensspruch und ein Liedtext eingraviert. Kleine Meerjungfrauen, die eine Armbrust tragen, sind als Zeichen des Sternbilds Schütze zu verstehen und verweisen auf den Monat, in dem Chanukka gefeiert wird. Oben auf dem Leuchter ist ein Doppeladler angebracht, das Symbol für den Kaiser. Wahrscheinlich wurde der Adler erst von Samson Wertheimer hinzugefügt.

**Ernennung zum Hoffaktor für Amschel Mayer Rothschild (1773–1855)**
Heitersheim im Breisgau, 19. Dezember 1803, Papier

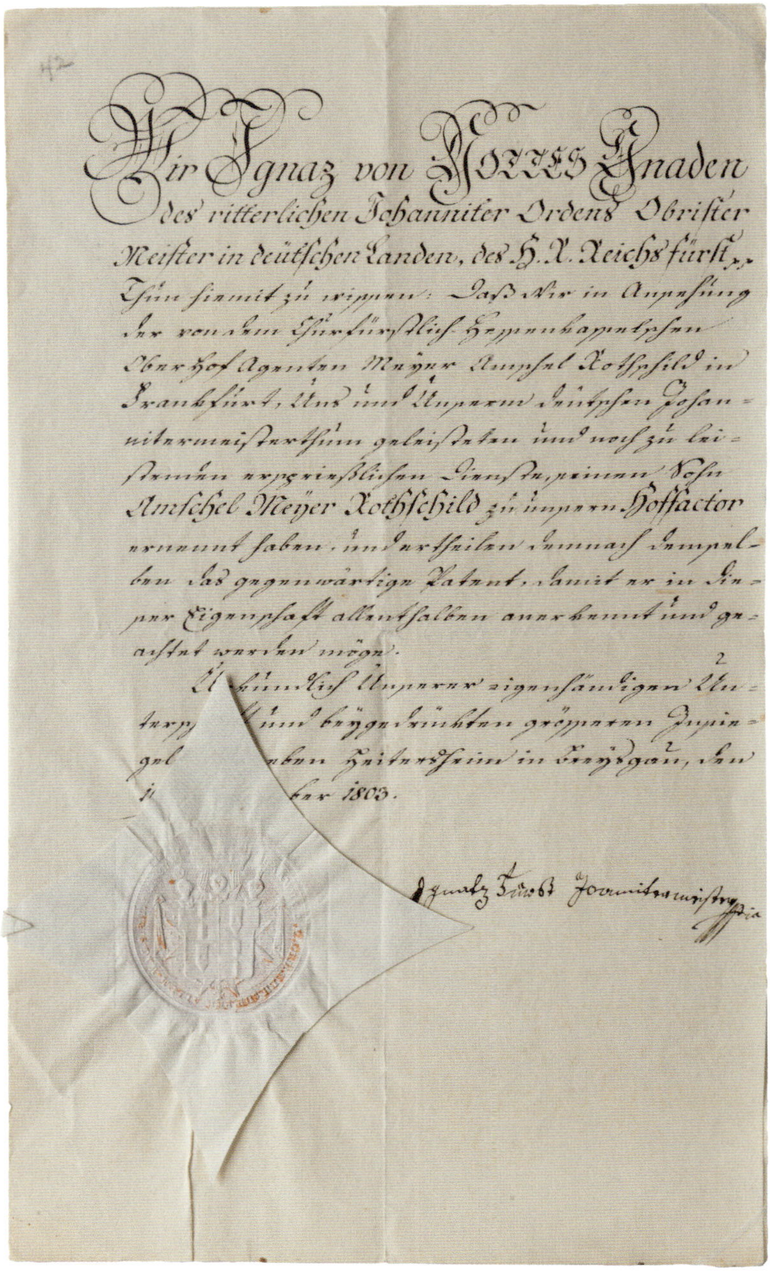
Wir Ignaz von Gottes Gnaden
des ritterlichen Johanniter Ordens Obrister
Meister in deütschen Landen, des H. R. Reichs fürst, etc.
Thun hiemit zu wissen: daß Wir in Ansehung
der von dem Churfürstlich Hessenkasselschen
Oberhof Agenten Meyer Amschel Rothschild in
Frankfurt, Uns und Unserem deütschen Johan=
nitermeisterthum geleisteten und noch zu lei=
stenden ersprießlichen Diensten, seinen Sohn
Anschel Meyer Rothschild zu unserm Hoffactor
ernennet haben, und ertheilen demnach demsel=
ben das gegenwärtige Patent, damit er in die=
ser Eigenschaft allenthalben anerkennt und ge=
achtet werden möge.
Urkündlich Unserer eigenhändigen Un=
ters[illegible] und beygedruckten größeren Insie=
gel[illegible]eben Heitersheim in Breisgau, den
[illegible]ber 1803.
Ignatz Fürst Johannitermeister mpria

# Hoffaktor

Mit der Urkunde wird Amschel Mayer Rothschild zum Hoffaktor des Fürsten Ignaz ernannt. Hoffaktoren waren Bedienstete eines Hofes, die den Regenten Kredite zur Verfügung stellten oder ihnen Luxusartikel verkauften. Ihr finanzielles Risiko war groß; im Gegenzug lockten aber auch große Gewinne und Privilegien, die die rechtlich benachteiligte Stellung im Einzelfall verbesserten.

Die Hoffaktoren bildeten weit gespannte Familiennetzwerke und versuchten, die erworbene Vertrauensstellung am Hof in der Familie weiterzugeben. Auch die vorliegende Ernennung des Amschel Mayer geschieht, weil schon der Vater, Mayer Amschel Rothschild, dem Fürsten als Oberhof-Agent gedient hatte.

**Die Rothschilds**

Die Familie Rothschild war seit Jahrhunderten in der Judengasse ansässig. Als Händler und Geldwechsler waren sie angesehene, aber keine wohlhabenden Gemeindemitglieder.

Dies änderte sich mit Mayer Amschel Rothschild (1744–1812), der mit antiquarischen Münzen handelte, als Hoffaktor arbeitete und schließlich ein Bankhaus gründete. Seine fünf Söhne führten das Geschäft fort, der älteste Sohn Amschel Mayer in Frankfurt, die vier weiteren Söhne in Paris, London, Neapel und Wien.

Der große finanzielle Erfolg und der besondere familiäre Zusammenhalt über Generationen hinweg begründeten den Ruf der Rothschilds als bekannteste jüdische Familie Frankfurts.

**Porträt Süßkind Stern (gest. 1686)**
1671, Öl auf Leinwand
Schenkung Familie Horst Hoffmann

# Porträt Süßkind Stern

Süßkind Stern entstammte der mächtigen Familie Kann. Er war Kaufmann und Unternehmer, Geldwechsler und Bankier, Perlenhändler und Pächter von Salzbergwerken. Mehrere verschiedene Berufe auszuüben war im 17. und 18. Jahrhundert durchaus üblich.

In der Judengasse war Süßkind wegen seiner Wohltätigkeit hoch angesehen und hatte mehrere Ehrenämter inne, für die man gewählt werden musste. So war er für die Überwachung der fünf Gemeindebacköfen zuständig. Darin wurden die Mazzot gebacken, das ungesäuerte Brot, das an Pessach gegessen wird und dessen Produktion strengen Regeln unterliegt. Er war auch Mitglied in den beiden Beerdigungsbruderschaften, die sich um die Bestattung der Toten und die Versorgung der Hinterbliebenen kümmerten. Dieses Ehrenamt gilt als eines der höchsten in einer jüdischen Gemeinde.

### Das Porträt

Das Gemälde von 1671 ist das älteste bekannte Porträt eines Bewohners der Judengasse. Noch im 17. Jahrhundert haben sich Juden nur selten malen lassen. Ein Gemälde zu beauftragen war mit großen Kosten verbunden und diente meist einem repräsentativen Zweck. Das ist bei diesem Bild anscheinend nicht der Fall.

Süßkind trägt einen einfachen Mantel. Die Kopfbedeckung, eine Art Turban, trug man üblicherweise im Haus. Süßkind zeigt sich nicht in der Feiertagskleidung der Judengasse, mit der er seine Stellung in der Gemeinde bezeugt hätte. Auf dem Gemälde fehlen auch die sonst üblichen Hinweise auf die berufliche Tätigkeit: Briefe, die für die Geschäftstätigkeit stehen, Juwelen als Handelsgut oder prächtige Kleidung, die auf Reichtum verweist. Auf dem Gemälde ist Süßkinds Beruf oder Herkunft also kaum zu erkennen. Nur wenige Details geben Hinweise: Der Bart weist Süßkind als Juden aus. Da Rasieren religionsgesetzlich nicht erlaubt ist, war das Tragen eines Bartes üblich; Christen der Oberschicht trugen zu dieser Zeit meist keine Vollbärte. Der weiße Kragen gehörte zur Gelehrtentracht des 17. Jahrhunderts und kennzeichnet Süßkinds hohe Bildung. Der Stern in der linken oberen Ecke steht für das Zeichen des Hauses, in dem Süßkind lebte. Da sich inbesondere in Frankfurt aus diesen Hauszeichen oft die Beinamen entwickelten, ist der Stern ein Hinweis auf die Frankfurter Herkunft.

# Handel mit alten Kleidern

Der Warenhandel war in der Stadt streng reglementiert. Christliche und jüdische Kaufleute durften nur mit solchen Waren handeln, die die Handwerker der Stadt nicht selbst herstellten. So war auch der Handel mit neuen Kleidern nur den produzierenden Handwerkern, den Schneidern, vorbehalten. Der Handel mit gebrauchten Kleidern war dagegen erlaubt und weit verbreitet.

Die jüdischen Altkleiderhändler durften keine Läden außerhalb der Judengasse betreiben. Deswegen trugen sie die Kleider in Bündeln und boten sie den Kunden als Hausierer an – auf der Straße, an Wohnungstüren oder in Gasthöfen.

Die Statuten der jüdischen Gemeinde legten für diese Verkäufe genaue Regeln fest. So durfte eine Kleiderhändlerin in der Herberge nichts anbieten, solange noch ein anderer Verkäufer bei einem Kunden war. Die Händler sollten nicht in Gruppen vor der Herberge sitzen. In der Judengasse selbst durfte ein Kunde nur angesprochen werden, wenn er sich genau vor dem Haus der Händlerin befand.

Kein anderer Handelszweig war so detailliert geregelt wie der Altkleiderhandel. Dies lag an der großen Konkurrenz, die immer wieder zu Konflikten führte.

**Tora-Mantel mit fehlendem Mittelstück**
Vermutlich Süddeutschland, 2. Hälfte 18. Jh., Seide, Seidentaft, Leinen

# Tora-Mantel aus Stoffresten

Im Haus Sperber wohnte um 1700 die Witwe Rösel, die mit alten Kleidern handelte. Zum Umgang mit gebrauchten Kleidern gehörten auch das Umarbeiten und die Wiederverwendung von Textilien.

Kleidung wurde generell sehr lange getragen und immer wieder ausgebessert, geändert und umgearbeitet. Stoffreste, die bei diesen Arbeiten anfielen, wurden nicht weggeworfen, sondern weiterverwendet. Der ausgestellte Tora-Mantel ist aus solchen Resten hergestellt. Der geblümte Seidenstoff wurde ursprünglich vielleicht zu einer Herrenweste oder einem Damenkleid verarbeitet, wie sie im 18. Jahrhundert üblich waren.

Weil Stoffe teuer waren, wurden Reste zu Textilien für den Gottesdienst umgeschneidert und gestiftet. Dieses Vorgehen war durchaus nicht ungewöhnlich und auch in der nichtjüdischen Umgebung üblich. Es sind zahlreiche Entscheidungen von Rabbinern zu dieser Frage überliefert. Die meisten entschieden dahingehend, dass ein Textil für die Synagoge aus alten Stoffen hergestellt sein darf – unter der Voraussetzung, dass die alte Form nicht mehr erkennbar und dass der neue Zweck heiliger als der alte sei. Heiligkeit erlangt ein Objekt durch Nähe zum heiligsten Gegenstand in der Synagoge, der Tora.

### Was ist ein Tora-Mantel?

Ein Tora-Mantel schützt und bekleidet die Tora-Rolle, wenn sie im Tora-Schrein der Synagoge steht. Tora-Mäntel sind ein Kennzeichen der aschkenasischen Synagogen in Mittel- und Osteuropa.

Der Mantel ist oben offen. Er wird über die Tora-Rollen gezogen und an den Holzstäben befestigt. Der hier gezeigte Mantel ist dagegen an den Seiten offen und kann mit Bändern verschlossen werden. Wahrscheinlich wurden diese Bänder bei einer unsachgemäßen Restaurierung angebracht.

Tora-Mäntel werden üblicherweise gestiftet und tragen oft eine gestickte Inschrift. Leider ging das Mittelstück bei diesem Tora-Mantel verloren, so dass diese Informationen fehlen; die Herkunft des Mantels ist unbekannt. 1907 wurde er vom Historischen Museum Frankfurt gekauft.

# Schule und Unterricht

1703 wohnten im schmalen Haus zum Roten Widder drei Familien: Ein Ehepaar mit einem kleinen Kind und einer Magd, die mit allem Handel trieben, was sie erwerben und verkaufen konnten. Der andere Haushalt bestand aus einem Ehepaar, das mit Brot und Branntwein handelte. Bei ihnen lebte ein Lehrerehepaar mit vier Kindern unter 18 Jahren.

Die beengten Wohnverhältnisse weisen darauf hin, dass es kein auskömmlicher Beruf war, Lehrer der Elementarschule zu sein. Oft mussten die Lehrer noch weitere Tätigkeiten ausüben, auch wenn dies nach den Verordnungen der Stättigkeit eigentlich verboten war.

Die jüdische Gemeinde hatte in ihren Statuten das Schulsystem geregelt. Für Knaben im Alter von fünf bis zwölf Jahren bestand Schulpflicht. Der Unterricht sollte acht, im Sommer neun Stunden am Tag dauern. Jeder Lehrer sollte etwa zehn Kinder unterrichten – mit Unterstützung durch Hilfslehrer allerdings bis zu 30 Kinder. In den Schulen der Judengasse wurde ausschließlich religiöse Bildung vermittelt. Am Anfang wurden Buchstaben und Vokalzeichen geübt, recht schnell begann man aber mit der Lektüre von Bibeltexten. Die Texte wurden im hebräischen Original gelesen und in die Muttersprache der Schüler, Jiddisch, übersetzt. Für die älteren Schüler wurde der Bibeltext erweitert um die Kommentare und Aktualisierungen von Rabbinern, vor allem von Schlomo ben Isaak, genannt Raschi (1040–1105). Im Alter von etwa zehn Jahren begannen die Jungen, die Mischna zu lernen, die religionsgesetzliche Überlieferung, die einen Teil des Talmuds bildet.

**Buchstabiertafel mit Konsonanten und Vokalen**
Deutschland, 17. Jh., Papier

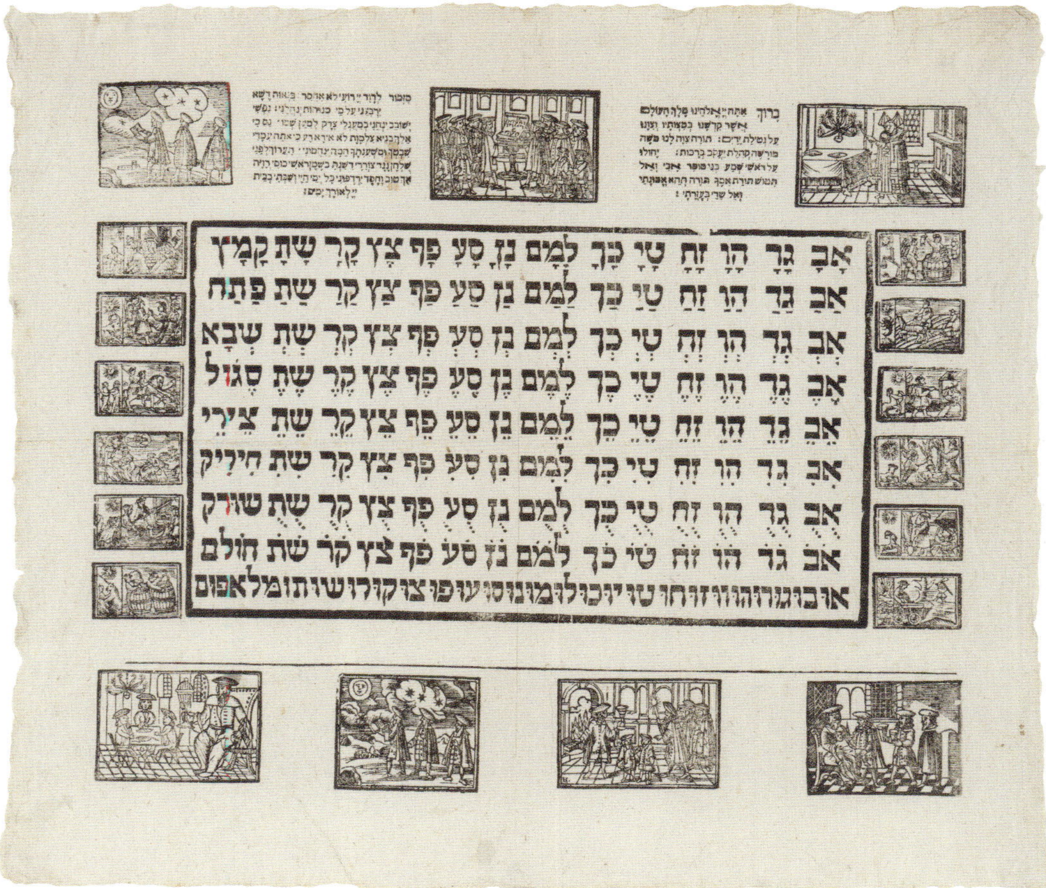

# Buchstabiertafel

Mit Hilfe solcher Tafeln lernten Kinder lesen. Im Mittelpunkt stehen die Buchstaben des Alphabets, jeweils in Paaren. Die Punkte und Striche unter den Buchstaben sind die Vokalzeichen. Die verschiedenen Aussprachemöglichkeiten aller Vokalzeichen werden hier angegeben. Die Idealvorstellung eines ersten Schultags beschreibt der Frankfurter Gelehrte Hirsch Kaidenower in seinem Werk „Das rechte Maß", 1705:

„Wenn die Zeit gekommen, das Kind in die Schule zu geben, [...] dann soll der Vater früh am Morgen das Kind selbst in das Haus des Lehrers bringen, mag er ein Greis, ein bedeutender Mann, ein Vorsteher oder ein Rabbiner sein. [...] Im Hause des Lehrers setzt der Vater dem Lehrer das Kind auf den Schoß. Dann bringt man eine Tafel, auf welcher das Alef-Bet geschrieben steht. Dies liest der Lehrer [...] dem Kinde vor, und das Kind spricht jeden Buchstaben nach. [...] Darauf bestreicht man die Tafel mit Honig und das Kind leckt den Honig von den Buchstaben. Darauf nimmt der Vater das Kind und bringt es wieder heim [...]. Es ist billig, dass die Eltern an dem Tage fasten und zu Gott beten, dass das Kind gedeihe in Tora, Gottesfurcht und guten Taten zu langem Leben. Am Abend sollen sie den Armen ein Gastmahl zurichten und nach ihrem Vermögen Spenden austeilen."

### Unterricht für Mädchen

Für Mädchen gab es keine Schulpflicht; ihre Bildung war nicht geregelt. Es gab durchaus Lehrer für Mädchen, doch beschränkte man sich darauf, ihnen das Lesen hebräischer Buchstaben beizubringen. Damit konnten sie jiddische Werke lesen. Auf Jiddisch sind zahlreiche Werke erschienen, die religiöse Bildung vermitteln: Bibelübersetzungen, moralisierende Erzählungen oder religiöse Gedichte und Lieder.

Vereinzelt lernten Mädchen wohlhabender Eltern Fremdsprachen und das Spielen von Musikinstrumenten. Immer aber waren Mädchen in die vielfältigen Tätigkeiten eines Hauses eingebunden, die von der Führung des koscheren Haushalts über Nähen und Sticken bis zur Ausübung von Handelsgeschäften reichen konnten. Töchter ärmerer Familien gingen als Dienstmagd in die Lehre und erlernten diesen Beruf durch die Praxis.

**Kinderspielzeug aus den Ausgrabungen 1987**
Deutschland, 16. – 18. Jh., Ton, Irdenware, glasiert
Archäologisches Museum Frankfurt

# Kinderspielzeug

Über die Kinderspiele in der Judengasse ist nicht viel bekannt. Anscheinend wurde dem Spiel in der Judengasse wie in der übrigen Stadt kein großer Stellenwert eingeräumt. Spielverbote, die überliefert sind, beziehen sich vor allem auf Glücksspiele der Erwachsenen mit Karten. Das Kinderspielzeug, das bei den Ausgrabungen in den Fundamenten der Judengasse gefunden wurde, unterscheidet sich nicht von dem Spielzeug in christlichen Vierteln. Mit dem Miniaturkochgeschirr wurde vermutlich am Herd gespielt, wie die Rauchspuren des Feuers nahelegen.

# Gelehrsamkeit – Rabbiner und Studenten

In der Judengasse gab es mehrere Lehrhäuser. Der Ruhm der Lehrhäuser und der Rabbiner, die hier lehrten, war so groß, dass Talmud-Studenten aus ganz Europa hier studierten. Sie „überwanden Berge und durchquerten Täler, dass man hier ihre blinden Augen öffne", wie es in einem zeitgenössischen Text heißt. Auch in dem Haus Warmes Bad, dessen Fundament in den Ausgrabungen zu sehen ist, befand sich ein Lehrhaus, genannt Klause.

Auf einer Talmud-Hochschule wurden Knaben im Alter von etwa 13 bis 20 Jahren unterrichtet. Damit hörte das Lernen aber nicht auf. Es gehörte zu den Aufgaben des Rabbiners der Klause im Warmen Bad, Vorträge über talmudische Themen oder zu Rechtsproblemen zu halten. Zu diesen Vorträgen ebenso wie zu Lerngruppen am Abend kamen auch die erwachsenen Männer. Lernen – verstanden als intensive Lektüre rabbinischer Schriften – galt als das Ideal geistiger Beschäftigung bis zum Lebensende. Die Studenten lernten oft zu zweit und diskutierten den Talmud gemeinsam. Der Dialog war ein wichtiges Element der Aneignung, formte aber auch die Texte selbst, die oft als Diskussion unter verschiedenen Rabbinern gestaltet sind. Die Texte behandelten theoretische Probleme, die sich aus der Auslegung der Bibel ergaben, oder ganz praktische Fragen des Alltags, wenn zum Beispiel Vorschriften des jüdischen Rechts mit dem weltlichen Recht in Konflikt gerieten.

Rabbiner sind die Lehrer in einer Jeschiwa. Sie verfügen über hervorragende Kenntnisse des Talmud und anderer Schriften zur Auslegung des Religionsgesetzes. Ihre Aufgaben bestehen in der Weitergabe dieses Wissens und der Entscheidung rechtlicher Fragen im Alltag und im Rabbinatsgericht.

Babylonischer Talmud, Traktat Pessachopfer
Druck: J. Kölner, Frankfurt am Main, 1721

# Babylonischer Talmud

Der Talmud ist eine mehrteilige Sammlung von Texten, die die hebräische Bibel auslegen und kommentieren. Sie entstand auf der Grundlage von Diskussionen der Gelehrten in Palästina nach der Zerstörung des Zweiten Tempels in Jerusalem 70 n.d.Z. Die Niederschrift dieser rabbinischen Diskussionen erfolgte bis zum 2. Jahrhundert n.d.Z. Sie bildet die Mischna, den Kern des Talmuds. Die aramäische Gemara sammelt verschiedene Kommentare und Meinungen zu den Diskussionen in der Mischna. Mischna und Gemara bilden zusammen den Talmud, der im 5. Jahrhundert n.d.Z. redigiert wurde. Dabei werden nicht alle Fragen endgültig beantwortet. Vielmehr werden die Diskussion und die Begründung der verschiedenen Meinungen unter Verwendung von Zitaten aus der Bibel und der rabbinischen Literatur dargelegt.

### Die Frankfurter Talmud-Ausgabe

Bis in die erste Hälfte des 19. Jahrhunderts waren jüdische Buchdruckereien in Frankfurt verboten. Hebräische und jiddische Publikationen wurden daher von Christen verlegt, die jüdische Mitarbeiter beschäftigten. Zur großen Leistung der Druckerei Kölner gehörte die 1720–1723 erschienene Talmud-Ausgabe, die die Grundlage aller künftigen Talmud-Drucke werden sollte.

Der Wiener Hoffaktor Samson Wertheimer und sein Frankfurter Schwiegersohn Moses Kann finanzierten den kostspieligen Druck. Samuel Schotten, Rabbiner der Klause im Haus Warmes Bad, lektorierte den Text; die Erstellung der Ausgabe war das Werk von Arie Juda Löw, Vorsitzender des Frankfurter Rabbinatsgerichts. Die verschiedenen Texte lagen in zahlreichen handschriftlichen Überlieferungen vor. Deswegen war Vereinheitlichung ein kompliziertes, langwieriges Unterfangen, das äußerst gute Kenntnisse in der Materie erforderte.

**Kos haJeschuot, Kelch des Heils**
Samuel Schotten (1644–1719)
Druck: J. Kölner, Frankfurt am Main, 1711

# Talmud-Kommentar des Samuel Schotten

Samuel Schotten lehrte und forschte in der Klause zum Warmen Bad. Seine jahrzehntelange Beschäftigung mit dem Talmud, seine Vorträge und Auslegungen flossen in diesen Kommentar ein, der sich durch Klarheit und Verständlichkeit auszeichnet. Das Werk beschäftigt sich systematisch mit einzelnen Fragestellungen und folgt nicht der Ordnung von Mischna und Gemara.

Das Werk befand sich gerade im Druck, als der Brand der Judengasse auch das Haus zum Warmen Bad und alle Aufzeichnungen und sonstigen Besitztümer Schottens zerstörte. Da sich die christliche Druckerei außerhalb der Judengasse befand, wurde das Werk gerettet.

**Schaw Ja'akow, Jakob kehrt zurück**
Jakob Katz Popers (um 1650 – 1740)
Druck: D. J. Kronau, Frankfurt am Main, 1741/42

שות
שב יעקב
חלק ראשון
נדפס
בפרנקפורט דמיין

# Responsen von Jakob Popers

Neben dem Talmud und weiteren Auslegungen der hebräischen Bibel gibt es noch eine andere Gattung rabbinischer Schriften, sogenannte Responsen. Diese Textart wird auch „Fragen und Antworten" genannt, Scheelot uTschuwot, und ist bis in die Gegenwart von großer Bedeutung. Es handelt sich um schriftliche Gutachten, um die Rabbiner zur Klärung von religiös-rechtlichen Streitigkeiten gebeten werden. Für diese Stellungnahmen werden passende Textstellen aus Tora, Talmud und rabbinischen Kommentaren interpretiert. Die Response behandelt immer einen Einzelfall, also ein konkretes Problem.

Bekannt und geachtet sind die Responsen des Frankfurter Rabbiners Jakob Popers. Der gebürtige Prager war 1717 aus Koblenz als Oberrabbiner nach Frankfurt berufen worden. Er wirkte als oberste religiöse Autorität und übte sein Amt als Leiter der Jeschiwa und Richter am Rabbinatsgericht bis zu seinem Tod 1740 aus. Sein Werk versammelt Fälle von zahlreichen bedeutenden Gelehrten aus ganz Europa, die Popers um Gutachten und Entscheidungen baten.

# Jüdische Literatur – eine Geschichte in Fragmenten

In der Judengasse gab es eine reiche Literaturproduktion. Neben hebräischen religiösen Werken entstanden auch zahlreiche Bücher auf Jiddisch, der Umgangssprache von Juden in Mittel- und Osteuropa. Romane und Erzählungen erfreuten sich ebenso großer Beliebtheit wie Gedichte und Theaterstücke, Lieder und Gesänge.

Im 18. Jahrhundert war Frankfurt einer der wichtigsten Orte für den Druck jiddischer Werke. Die Drucke waren häufig mit Holzschnitten illustriert, die christliche Bildmotive aufgriffen. In literarischen Werken war das christlich-jüdische Beziehungsgeflecht besonders ausgeprägt.

Jüdische Bücher und Texte sind oft als Fragmente erhalten. Schriften, die den Gottesnamen enthalten, werden im Judentum nicht weggeworfen, sondern beerdigt. Vorher werden sie oft in einer Genisa, einem versteckten Ort in der Synagoge, gesammelt. Die jahrhundertelange Lagerung an diesen Orten ließ die Werke zerfallen.

Literarische Überreste können aber auch Zeugnis gewaltsamer Angriffe gegen Juden und ihre Gemeinden sein. Dies gilt insbesondere für hebräische Schriften zu religiösen Fragen, die bei Pogromen immer wieder geraubt und geplündert wurden. Das Papier und das wertvolle Pergament wurden dann oft zerschnitten und als Einbandmaterial wiederverwendet. So erzählen diese Fragmente auch von Not und Verfolgung, denen die Juden im Mittelalter und in der Frühen Neuzeit ausgesetzt waren.

**Zene Rene, Fragment aus der Genisa Westheim**
Vermutlich Frankfurt am Main, 18. Jh.
Privatbesitz, Düsseldorf

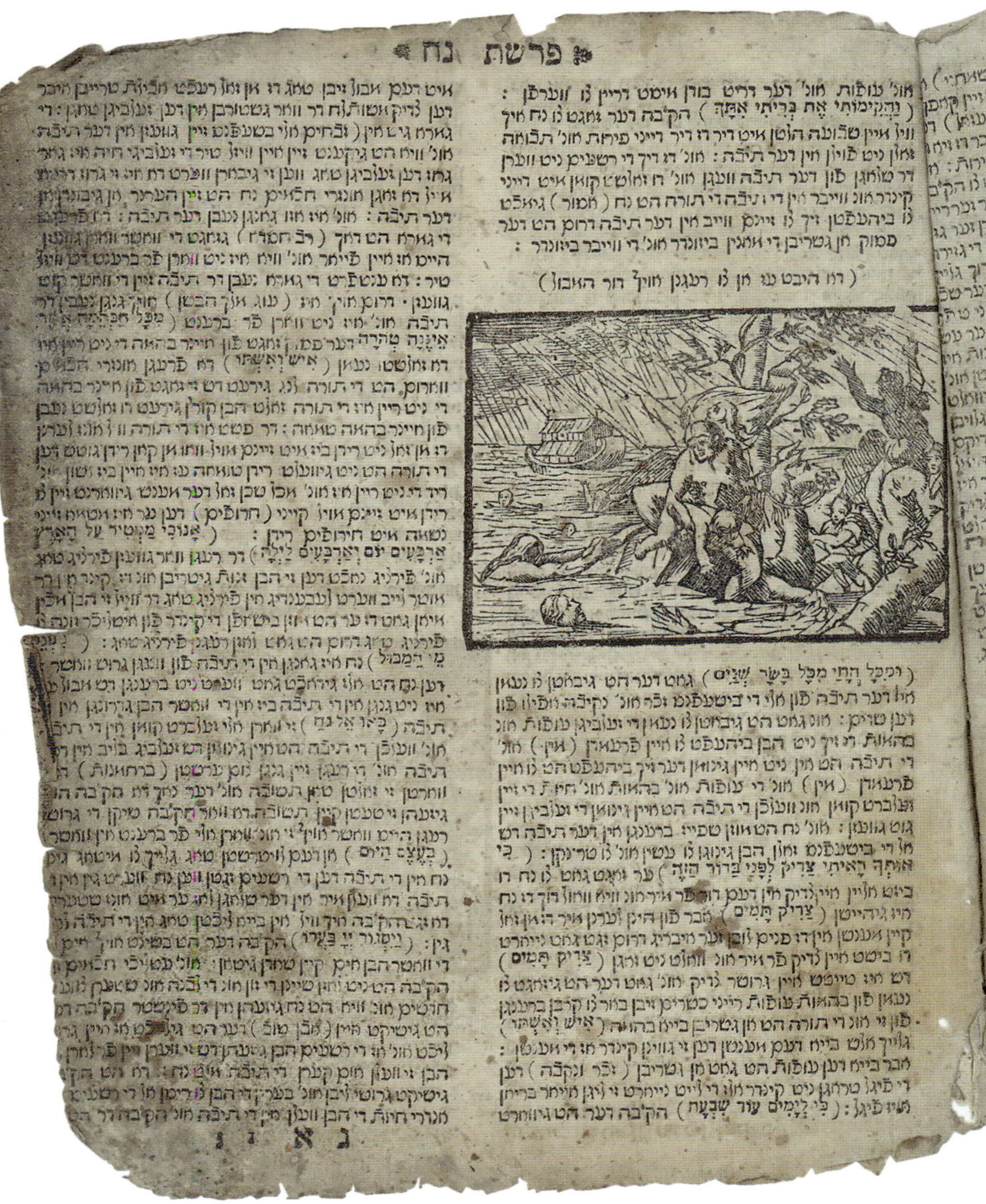
פרשת נח

ג א

# Zene Rene

Um 1600 verfasste Jakob ben Isaak Aschkenasi in Polen eine freie jiddische Nacherzählung der Bibel, die er um Erzählungen aus dem Talmud und der rabbinischen Literatur erweiterte. Der Titel „Zene Rene“ bedeutet „Kommt heraus und schaut (Töchter Zions)“ und ist die jiddische Kurzform eines Bibelzitats. Es wendet sich direkt an das erwünschte Publikum, die Frauen, denn jiddische Werke waren oft für Leserinnen konzipiert, die nur wenig Hebräisch lesen konnten. Das Werk war außerordentlich erfolgreich und erlebte über 200 Auflagen.

### Abgekupfert

Erstmals wurde die „Zene Rene“ mit Illustrationen 1692 in Sulzbach gedruckt. Viele weitere Ausgaben folgten in Frankfurt am Main, Fürth und Amsterdam. Die verwendeten Bilder gehen auf verschiedene Vorlagen zurück, die Frankfurter Ausgabe allerdings gestaltete die Illustrationen zum Großteil nach der Bilderbibel von Matthäus Merian d. Ä. Diese war 1627 in Frankfurt am Main erschienen; 1630 wurde sie mit dem Text der Luther-Übersetzung erneut gedruckt. Die Merian-Bibel war wegen ihrer Kupferstiche sehr beliebt. Die Bilder wurden von Christen wie Juden lange für die Bebilderung anderer Werke als Vorbilder genommen, gelegentlich variiert und abgekupfert.

### Heilige Texte

In einer Genisa werden Texte verwahrt, die einmal beerdigt werden sollen. Dies betrifft Texte, die den Namen Gottes enthalten, der als heilig gilt.

Die heiligsten Texte sind die Tora-Rollen; für sie gibt es bisweilen auch eigene Grabsteine auf dem Friedhof. Aber auch Bibeln oder Gebetbücher enthalten den Namen Gottes und werden in Genisot verwahrt. Das Gebot, heilige Texte nicht fortzuwerfen oder zu verbrennen, findet sich schon in den rabbinischen Schriften der Antike und wird bis heute beachtet. Jede Gemeinde hat eine Genisa; in theologischen Einrichtungen stehen heute Behälter neben den Kopierern, um misslungene Kopien, die den Gottesnamen enthalten, hineinzuwerfen.

**Techinot, Fragment aus der Genisa Veitshöchheim**
1767
Jüdisches Kulturmuseum und Synagoge Veitshöchheim

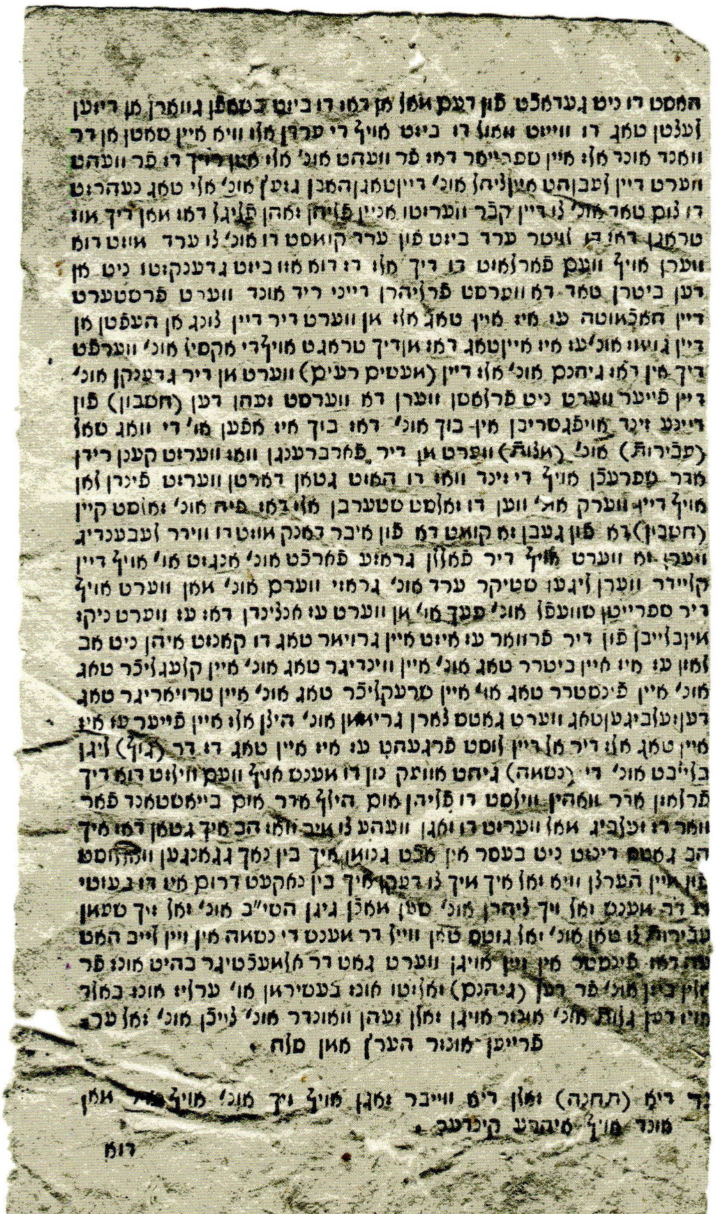

# Techinot

Dieses Einblattfragment stammt aus einer Ausgabe von Bittgebeten, sogenannten Techinot. Unter den überlieferten jiddischen Texten sind diese Gebete für Frauen zahlreich vertreten. Sie kreisen meist um weibliche Themen wie die Bitte um Schwangerschaft, eine glückliche Geburt oder die gesunde Heimkehr des Ehemanns von Reisen. Die Techinot-Bücher enthalten auch Segenssprüche für die religiösen Handlungen, die Frauen verrichten, wie das Segnen der Kerzen am Schabbat.

Da diese jiddischen Gebete für Frauen und Mädchen weit verbreitet waren, bezeichnete man das Jiddische früher auch als „Weiberdeutsch" oder „Techines-Deutsch", nach der jiddischen Aussprache des Wortes Techinot.

### Die Sprache

Jiddisch wurde vom westeuropäischen Judentum als Alltagssprache aus dem Mittelhochdeutschen entwickelt und ist mit hebräischen und aramäischen Elementen versetzt. Juden nannten ihre Sprachform „teutsch" oder „jiddisch-teutsch", woraus sich die heutige Bezeichnung ableitet. Die früheste bekannte schriftliche Quelle für das Jiddische ist im 13. Jahrhundert belegt. Ab dem 16. Jahrhundert sind jiddische Druckwerke bekannt.

Das später sogenannte Westjiddisch unterscheidet sich in Lautung und Wortschatz von dem heute bekannteren Jiddisch. Dies entstand in Osteuropa, wohin jiddischsprachige Juden ab dem 16. Jahrhundert emigriert waren.

### Die Genisa in Veitshöchheim

In der kleinen Stadt Veitshöchheim bei Würzburg lebten Juden seit dem 17. Jahrhundert. Sie nutzten den Dachboden ihrer kleinen Barocksynagoge über zweihundert Jahre als Genisa. Die Synagoge wurde 1938 nicht zerstört, in der Nachkriegszeit dann als Feuerwehrgeräteschuppen genutzt. Mitte der 1980er Jahre wurde die Synagoge zum Museum umgestaltet. Dabei wurde die Genisa entdeckt. Ein wissenschaftliches Projekt hat die Analyse der Funde übernommen. Die hebräischen, jiddischen und deutschen Fragmente werden entziffert und identifiziert, katalogisiert und konserviert.

**Sefer Tam weJaschar, Fragment aus der Genisa Westheim**
Frankfurt am Main, 1674, Druck mit Holzschnitten
Privatbesitz, Düsseldorf

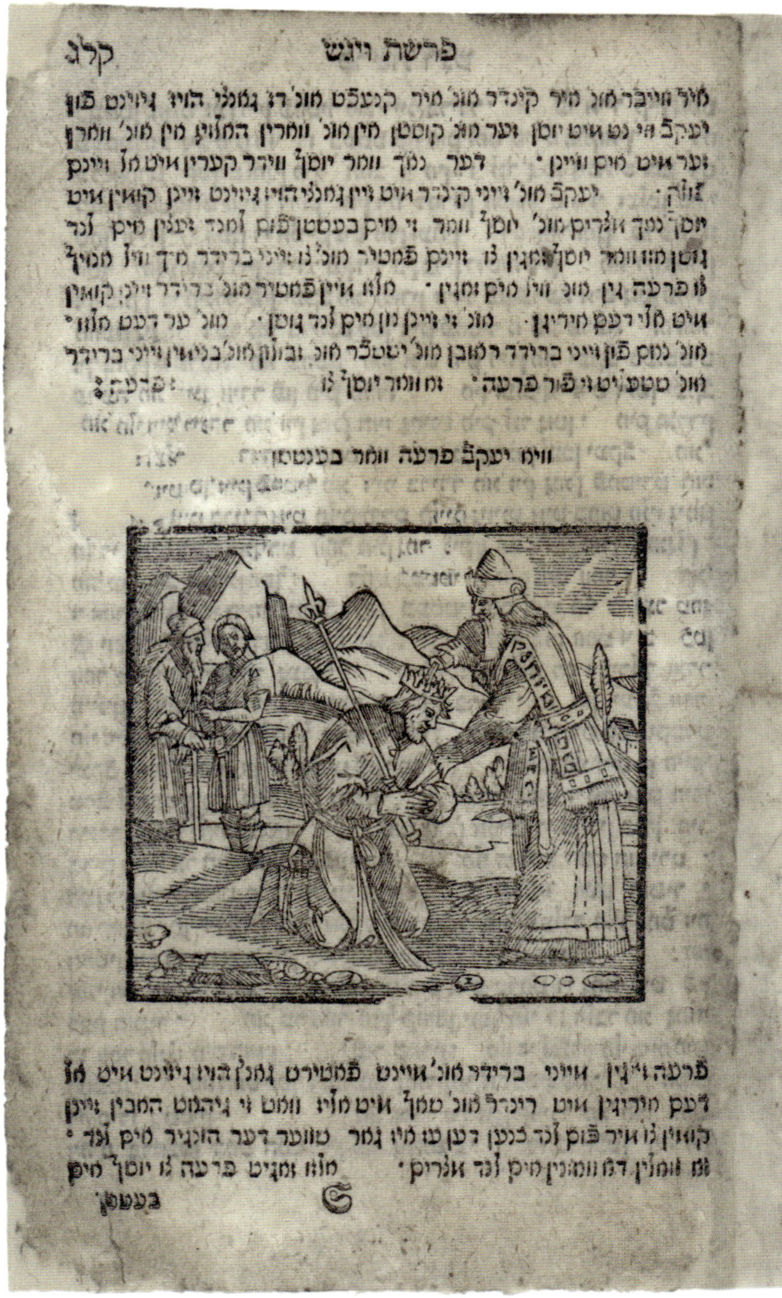
קלג פרשת ויגש

בענטשן

# Sefer Tam weJaschar

„Rechtschaffen und aufrecht" ist der Titel dieser jiddischen Version eines hebräischen Werkes. Es handelt sich um eine Nacherzählung und legendenhafte Ausschmückung der biblischen Geschichte von Adam bis Josua, zusammen mit rabbinischen Erzählungen und belehrenden Ermahnungen an die zeitgenössischen Leser.

Das beliebte Werk wurde häufig nachgedruckt. Die vorliegende Ausgabe erschien in Frankfurt am Main, das sich im 17. und 18. Jahrhundert zu einem der wichtigsten Zentren des jiddischen Buchdrucks entwickelte. Die jährlich stattfindenden Buchmessen hatten daran einen großen Anteil, weil Käufer und Verkäufer aus ganz Europa hier zusammenkamen.

### Original und Nachahmung

Die Illustrationen jiddischer Werke sind oft nach Vorlagen gestaltet. So auch in diesem Fall. Die Bilder folgen den Bibel-Illustrationen Hans Holbeins d. J. (1497–1543), die ab 1538 in Lyon erschienen und sehr erfolgreich waren.

Auffällig ist im vorliegenden Werk die sehr freie Zuordnung von Text und Bild. Die Illustrationen bestimmter biblischer Szenen wurden oft Textstellen zugeordnet, in denen von ganz anderen Situationen die Rede ist. Holbeins Abbildung des Königs Saul, der von Samuel gesalbt wird, illustriert in der vorliegenden Ausgabe die Bibelstelle zu Jakob, der den Pharao segnet.

**Pessach-Haggada, Fragment aus der Genisa Westheim**
Frankfurt am Main, 1749
Privatbesitz, Düsseldorf

# Pessach-Haggada

Die Pessach-Haggada ist eine Sammlung von Erzählungen, Sprüchen und Gebeten, die zu Beginn des Pessach-Festes gelesen werden.

Für die häusliche Feier gab es oft prächtig illustrierte, teure Ausgaben; die vorliegende allerdings richtete sich an weniger wohlhabende Käufer. Das kleinformatige Büchlein ist nur mit Illustrationen der Monate verziert, die keinen Bezug zum sonstigen Inhalt haben und die auch für ganz andere Werke verwendet wurden. Immerhin kann das Titelblatt damit werben, dass der Text „in den Buchstaben von Amsterdam" gedruckt sei. Dies bezeichnet eine hebräische Schrifttype, die wegen ihrer guten Lesbarkeit und Schönheit vielerorts nachgeahmt wurde.

### Was ist Pessach?

Pessach ist eines der zentralen Feste im jüdischen Jahr. Es erinnert an den Auszug aus Ägypten – an das wichtigste Ereignis in der Geschichte des Volkes Israel.

Das Fest, das ins Frühjahr fällt, dauert eine Woche. Es beginnt mit einem Familienfest, das einer ganz bestimmten festgelegten Ordnung folgt. Im Mittelpunkt der Feier steht ein festliches Mahl mit Speisen, die einzelne Aspekte der biblischen Geschichte symbolisieren. Um sich an die Umstände der Wüstenwanderung zu erinnern, nimmt man während der gesamten Woche ein besonderes ungesäuertes Brot zu sich. in dem liturgischen Text, der das Fest prägt, der Pessach-Haggada, wird dieses Brot mit den Worten beschrieben: „Dies ist das Brot der Armut, das unsere Väter in Ägypten gegessen haben."

### Die Genisa in Westheim

Die Synagoge in Westheim in Franken bestand seit dem 18. Jahrhundert. Bis 1936 wurde das Gebäude für Gottesdienste benutzt. Im Novemberpogrom 1938 wurde die Synagoge geplündert und teilweise zerstört. Danach diente sie als Holzlager. Die Reste der Genisa wurden bei Renovierungsarbeiten 1984 gefunden. Sie enthielt religiöse hebräische und jiddische Fragmente, daneben auch jiddische Romane und Lieder, Rechnungen, Kalender und deutsche Leselernfibeln. In der Westheimer Genisa fanden sich auch viele Textilien wie ein „Schabbes-Deckel", die traditionelle flache Kopfbedeckung für Männer, und bestickte Hauben für Frauen.

**Minhagim, Fragment aus der Genisa Veitshöchheim**
Simon Levi Ginzburg (um 1600)
Prag, 17. Jh., Druck mit Holzschnitten
Jüdisches Kulturmuseum und Synagoge Veitshöchheim

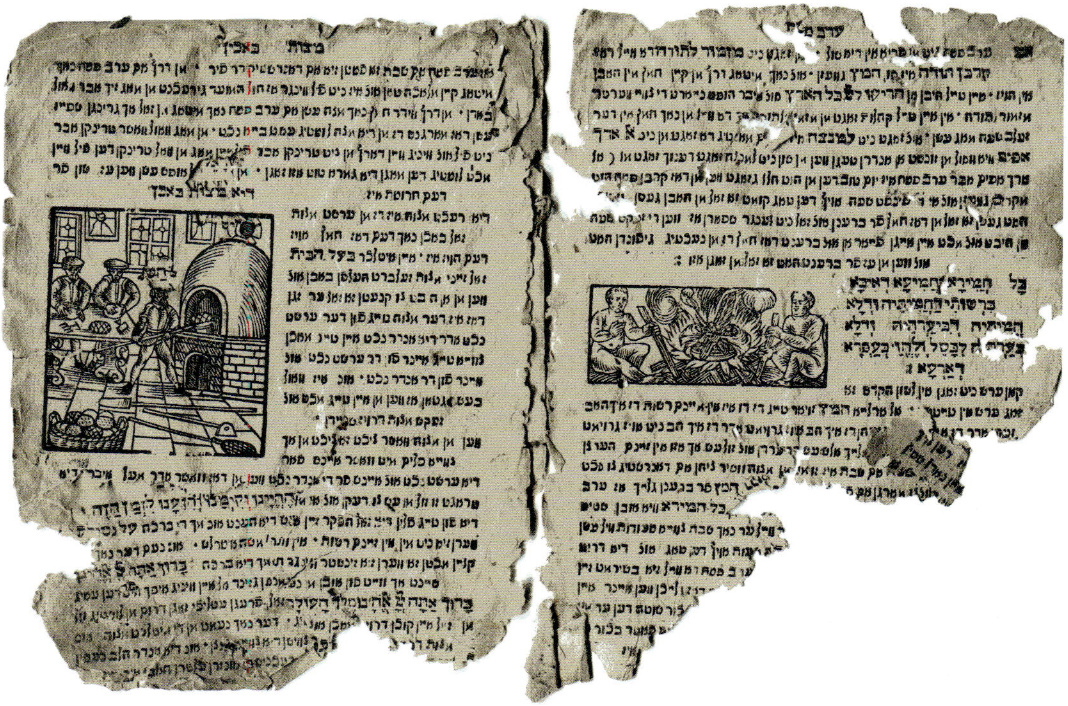

# Minhagim

Das hebräische Wort Minhagim bedeutet Sitten oder Bräuche. Über die Jahrhunderte hatten sich im religiösen Leben des Alltags und der Feiertage zahlreiche örtliche Traditionen herausgebildet. So wurden etwa im Gottesdienst besondere Gebete gesprochen oder die Reihenfolge der Liturgie verändert. Um diese Bräuche zu bewahren, entstanden die Minhagim-Bücher.

Vor allem in Frankfurt war man von der Bedeutung der eigenen Gemeinde überzeugt und wollte die reichen Traditionen und das Erbe der Väter unverändert bewahren. Davon zeugt ein Buchtitel wie dieser: „Wie man die Bräuche pflegt in ganz Aschkenas, Polen, Mähren, Böhmen, Schlesien und in Sonderheit in der heiligen Gemeinde Frankfurt am Main.“

### Bilder

Die Minhagim-Bücher sind nach den Festen im Jahreskreislauf und nach Lebensabschnitten geordnet. Sie sind wie eine Art Nachschlagewerk konzipiert, um den weniger gebildeten Gläubigen Hilfestellung für die Einhaltung der Regeln zu geben. Daher sind sie auf Jiddisch verfasst. Zu dieser „Benutzerfreundlichkeit“ gehören auch die Illustrationen.

Die linke Abbildung zeigt die Vorbereitungen für das Pessach-Fest, für das der Bäcker gerade das ungesäuerte Pessach-Brot in den Ofen schiebt. Diese Abbildung ist aus dem ersten Minhagim-Buch mit Illustrationen, das 1593 in Venedig erschien, kopiert. Dessen Holzschnitte wurden mit geringen Abweichungen in vielen weiteren Ausgaben verwendet.

**Sefer Josippon, Fragment aus der Genisa Veitshöchheim**
Frankfurt am Main, 1707
Jüdisches Kulturmuseum und Synagoge Veitshöchheim

יוסיפון פרק מב

יוסיפון פרק מג

# Sefer Josippon

Das hebräische Buch „Josippon" ist eine Darstellung der antiken jüdischen Geschichte. Es ist eine freie Nacherzählung der „Geschichte des jüdischen Krieges" von Josephus Flavius (38-100 n.d.Z.), nach dem es auch benannt ist. „Jossipon" wurde aber erst im 10. Jahrhundert in Italien verfasst.

Das Werk schmückt die Geschichte mit Legenden und Märchen aus und deutet geschichtliche Ereignisse im religiösen Sinn als Strafe oder Lohn Gottes. Diese anschauliche Darstellung machte es überaus erfolgreich, es wurde über die Jahrhunderte immer wieder gedruckt und in verschiedene Sprachen übersetzt. Dieses Exemplar aus der Genisa Veitshöchheim ist eine jiddische Version.

### Erinnerung

Der „Josippon" gilt als frühes und lange Zeit einziges Werk der jüdischen Geschichtsschreibung. Über Generationen schöpften Juden ihre Kenntnisse der antiken Geschichte aus dieser Quelle. Die moderne Geschichte wurde nur sehr selten behandelt, meist in poetischen Formen wie Liedern, Balladen oder Martyrologien. Jene sind Aufzählungen der Namen derer, die bei mittelalterlichen Pogromen umkamen. Diese Werke wurden in der Synagoge vorgelesen, sie sind Teil einer religiösen Erinnerung, nicht einer historischen Überlieferung. Eine nichtreligiöse jüdische Historiographie gibt es erst seit dem 19. Jahrhundert.

### Wiedergefundene Geschichte

Die Genisot befanden sich oft auf dem Dachboden der Synagoge. Manchmal wurden diese Depots zugemauert und kamen erst bei Renovierungen oder Umbauarbeiten wieder zum Vorschein.

Die wenigen Synagogen, die die NS-Zeit unzerstört überstanden haben, wurden nach 1945 als Werkstätten, Lager oder Feuerwehrschuppen genutzt. Die jüdischen Bewohner waren vertrieben oder ermordet worden.

Erst Ende des 20. Jahrhunderts wurden die Synagogen von der nichtjüdischen Bevölkerung „wiederentdeckt" und zu Begegnungsstätten oder Museen umgebaut. Dabei wurden viele Genisot gefunden.

**Vinz-Hans-Lied, Fragment aus der Genisa Reckendorf**
Vermutlich Frankfurt am Main, wohl 19. Jh.
Jüdisches Kulturmuseum und Synagoge Veitshöchheim

# Vinz-Hans-Lied

Der sogenannte Fettmilch-Aufstand in Frankfurt beruhte auf Auseinandersetzungen zwischen den Bürgern und dem Rat der Stadt Frankfurt um verschiedene Privilegien und um die Kontrolle der Finanzen. Er eskalierte mit der Plünderung der Judengasse am 1. September 1614 und der Vertreibung der Juden aus der Stadt.

Der Kaiser ließ den Rädelsführer Vinzenz Fettmilch und einige seiner Anhänger im Februar 1616 hinrichten und erlaubte den Juden zurückzukehren. Das Vinz-Hans-Lied des Elchanan Helen aus dem Jahr 1648 beschreibt in jiddischer Sprache die Ereignisse rund um den Aufstand und den judenfeindlichen Pogrom. Es wurde immer am Jahrestag der Wiederzulassung der Juden in Frankfurt nach der Melodie des deutschen Liedes „Die Schlacht bei Pavia“ gesungen.

### Die Genisa in Reckendorf

Reckendorf ist eine Stadt in Franken. Im 18. Jahrhundert wurde die Synagoge gebaut, in der dieses Fragment gefunden wurde. Damals war knapp ein Drittel der Bewohner Juden.

Während des Novemberpogroms 1938 wurde die Synagoge verwüstet, aber nicht verbrannt. Bei Renovierungsarbeiten 2001 kam im Dachstuhl der Synagoge eine Genisa zum Vorschein. Tausende Schriftstücke waren hier neben Textilien und Lederfragmenten verwahrt worden.

Di beschtendige libschaft fun Floris un Plankefler, Fragment aus der Genisa Veitshöchheim
Bad Homburg, 1724
Jüdisches Kulturmuseum und Synagoge Veitshöchheim

דיא
בישטענדיגי
ליבשאפט פון
פלארים אונ׳ פלאנקפלער

אײן אײך דיאטיגי ליבשאפט איז זער װארט : זיא שנייד
זא שארף אלז אײן שװערט · דענקט װאש איז דאז פֿר
לײדן· צו זיא דיא זך ליב האבן אונ׳ װאן זיך אײנן : גלײך
אלז דיא גישריבן צו זיא איז צו קומן : אבר דורך דיא
בשטענדיגי ליב : האבן זיך בײדי אנגדר ביקומן · זיא װאהן
אלז זיא פֿין טױזינט אײן פֿון הזמאן זײן פֿאר קאפט
גיװעזן : גלײך איר װירט פֿאר נעאן אין דיזם לעזין : דיזר
ליב האבר האט אעניך אהן זײן לעבן אויז גישטנדין : ביז
דאז אים זײן ליבשטן איז װידר קומן צו האנדן : אונ׳ זײן
װידר מהיים גיגאנגן איט
פֿון גוט אונ׳ גאר רײך
אונ׳ איז קינג גיװארדן
איבר דאש גאנצי
שפאני קינגרײך :

נדפוס בק״ק הומבורג
בשנת תפד לפ״ק

# Di beschtendige libschaft fun Floris un Plankefler

Nur das Titelblatt ist übrig von diesem Roman, der sich im Mittelalter und in der Frühen Neuzeit größter Beliebtheit erfreute. Die Liebesgeschichte von „Floire et Blancheflor“ wurde erstmals 1160 in Frankreich bekannt. Die Mischung aus Heldenepos und Romanze gehörte zu den beliebtesten mittelalterlichen Lektüren überhaupt. Sie wurde in viele Sprachen der Zeit übersetzt: Es gibt Versionen in Mittelhochdeutsch, Mittelhochenglisch, Mittelniederländisch, Italienisch, Griechisch, Altnorwegisch und eben Jiddisch. Der Übersetzer ins Jiddische ist nicht bekannt.

### Lesen, lesen, lesen

Nicht nur religiöse, vor allem auch weltliche Literatur wurde für lesehungrige Frauen und Männer ins Jiddische übertragen. Die Erzählungen, Balladen und Romane variierten oft Themen und Motive der Umgebungskultur.

Dabei war die Fähigkeit zu lesen unter Juden und Jüdinnen viel weiter verbreitet als unter den christlichen Zeitgenossen. Man sagt daher, dass mehr deutsche Juden die Heldensagen und Liebesromane gelesen als Christen davon gehört hatten.

### Funde in der Genisa

Streng genommen müssen nur Texte, die den Gottesnamen enthalten, in einer Genisa aufbewahrt werden. Dies ist bei dem Liebesroman „Floris und Plankefler“ eigentlich nicht zu erwarten.

Aber bis in das 19. Jahrhundert hinein verwahrte man neben religiösen Schriften auch unbrauchbar gewordene Ritualgegenstände, wie zerschlissene Tora-Vorhänge, in einer Genisa. Daneben finden sich alle Arten von Papieren und Texten: Briefe und Rechnungen, Kalender, Lieder und Romane. Sie geben einen reichen Einblick in die Alltagswelt und die Lesevorlieben der Zeit.

**Bovo-Buch, Fragment aus der Genisa Veitshöchheim**
Elia Levita (1468 – 1549)
Prag, 1767
Jüdisches Kulturmuseum und Synagoge Veitshöchheim

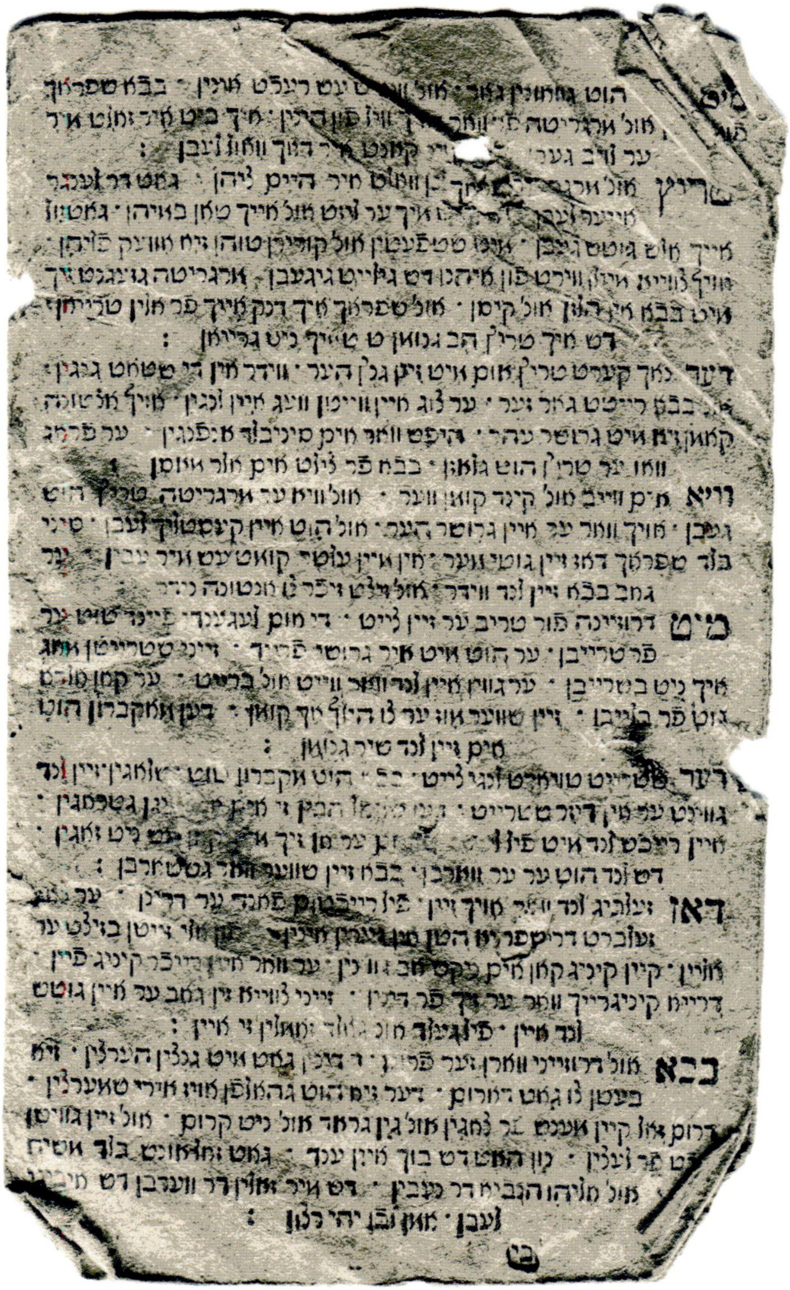

# Bovo-Buch

Elia Levita war ein Humanist und Philologe, der von Deutschland nach Italien auswanderte. Neben wissenschaftlichen Werken veröffentlichte er das „Bovo-Buch", einen Ritterroman in jiddischer Sprache. Es war 1541 das erste nichtreligiöse Buch, das auf Jiddisch gedruckt wurde.

Der Roman ist ein Beispiel für die verschlungenen Wege durch ganz Europa, auf denen jüdische wie christliche Literaturmotive überliefert wurden: Das „Bovo-Buch" ist eine jiddische Nacherzählung des italienischen Romans „Buovo d'Antona". Die italienische Version war ihrerseits eine Nacherzählung des englischen Originals, in dem der Held Sir Bevis of Hampton heißt.

## Ein jüdischer Ritter

Levita kürzte sein italienisches Vorbild um die Hälfte. Es blieben immerhin noch 650 gereimte Strophen übrig, die gesungen werden sollten.

Levita passte die Liebes- und Abenteuergeschichte seinem Publikum an, indem er biblische Anspielungen in die Erzählung einflocht und vor allem die Ritter nicht als Christen darstellte. Das Buch habe er für Frauen und Mädchen verfasst, damit sie es am Schabbat zur Unterhaltung lesen können, schrieb er in der Vorrede.

Das „Bovo-Buch" war über Jahrhunderte sehr erfolgreich. Später wurde der Name Bovo missverstanden und mit dem jiddischen Wort für Großmutter, Bove, verwechselt. Als Bove-Buch gilt jedes Werk mit märchenhaften oder allzu abenteuerlichen Geschichten.

## Fragmente

Der Buchrest stammt aus einer Genisa. Dies bezeichnet einen Ort, an dem Texte aufbewahrt werden, die den Namen Gottes tragen. Sie werden nicht fortgeworfen, wenn sie unbrauchbar oder zerlesen sind, sondern mit einer eigenen Zeremonie auf dem Friedhof beerdigt.

In der Genisa lagerten die Buchreste manchmal über Jahrhunderte. Kälte und Feuchtigkeit, Staub und Mäusefraß hinterließen unübersehbare Spuren, die aus zerlesenen Büchern Fragmente und Reste machten.

**Blatt aus einem Machsor**
Frankfurt am Main, 1. Hälfte 14. Jh., Tinte auf Pergament

# Blatt aus einem Machsor

Hebräische Einzelblattfragmente spiegeln oft jüdisches Schicksal wider. Im Zusammenhang mit Pogromen wurden hebräische Handschriften zumeist geplündert und dann auseinandergenommen. Als wertvolles Rohmaterial wurde das Pergament seitenweise oder in Streifen geschnitten verkauft, zum Binden christlicher Bücher oder für Schutzumschläge verwendet. Dieses Blatt aus einem jüdischen Gebetbuch trägt den handschriftlichen Vermerk „Arnburger". Dies steht für den Arnsburger Hof – einen Wirtschaftsbetrieb des Klosters Arnsburg, der seit dem 13. Jahrhundert in der Frankfurter Altstadt bestand. Möglicherweise gelangte das Pergament nach dem Pogrom von 1349, in dem alle Frankfurter Juden umgebracht wurden, in den Besitz des Klosters.

**Einbandfragment Tschuwot Maimunijot**
Meir ben Jekutiel aus Rothenburg (gest. 1298)
Aschkenas, 14./15. Jh., Tinte auf Pergament
Universitätsbibliothek Johann Christian Senckenberg, Frankfurt am Main

# Tschuwot Maimunijot

Rabbi Meir ben Jekutiel war ein mittelalterlicher Gelehrter. In seinem Werk veröffentlichte er Entscheidungen deutscher und französischer Rabbiner in einer systematischen Ordnung, um das Auffinden und die Klärung religionsgesetzlicher Fragen zu erleichtern.

Die vorliegende Seite stammt aus einer Kopie seines Werkes. Sie wurde für den Einband eines Buches von Johann Schröter über die Pest verwendet, das 1596 gedruckt wurde. Wie der Buchbinder in den Besitz der Handschrift gelangte, ist unbekannt. Oft sind solche Einbandfragmente die Folge von Plünderung und Vertreibung.

### Rabbi Meir

Nicht nur die Handschrift seines Werkes, auch Rabbi Meir wurde Opfer eines Pogroms. Unter dem Anführer Rintfleisch wurden im Jahr 1298 mehrere jüdische Gemeinden in Franken überfallen. Es war die erste Verfolgung, die sich nicht nur auf eine Stadt, sondern auf eine ganze Region erstreckte. Die jüdische Gemeinde Rothenburgs wurde sogar mehrfach heimgesucht. 500 Juden wurden allein in dieser Stadt ermordet. In der jüdischen Tradition gelten diese Opfer als Märtyrer, so auch Rabbi Meir.

**Einbandfragment Bibelkommentar**
Schlomo ben Isaak (1040 – 1105)
Aschkenas, 13. Jh., Tinte auf Pergament
Universitätsbibliothek Johann Christian Senckenberg, Frankfurt am Main

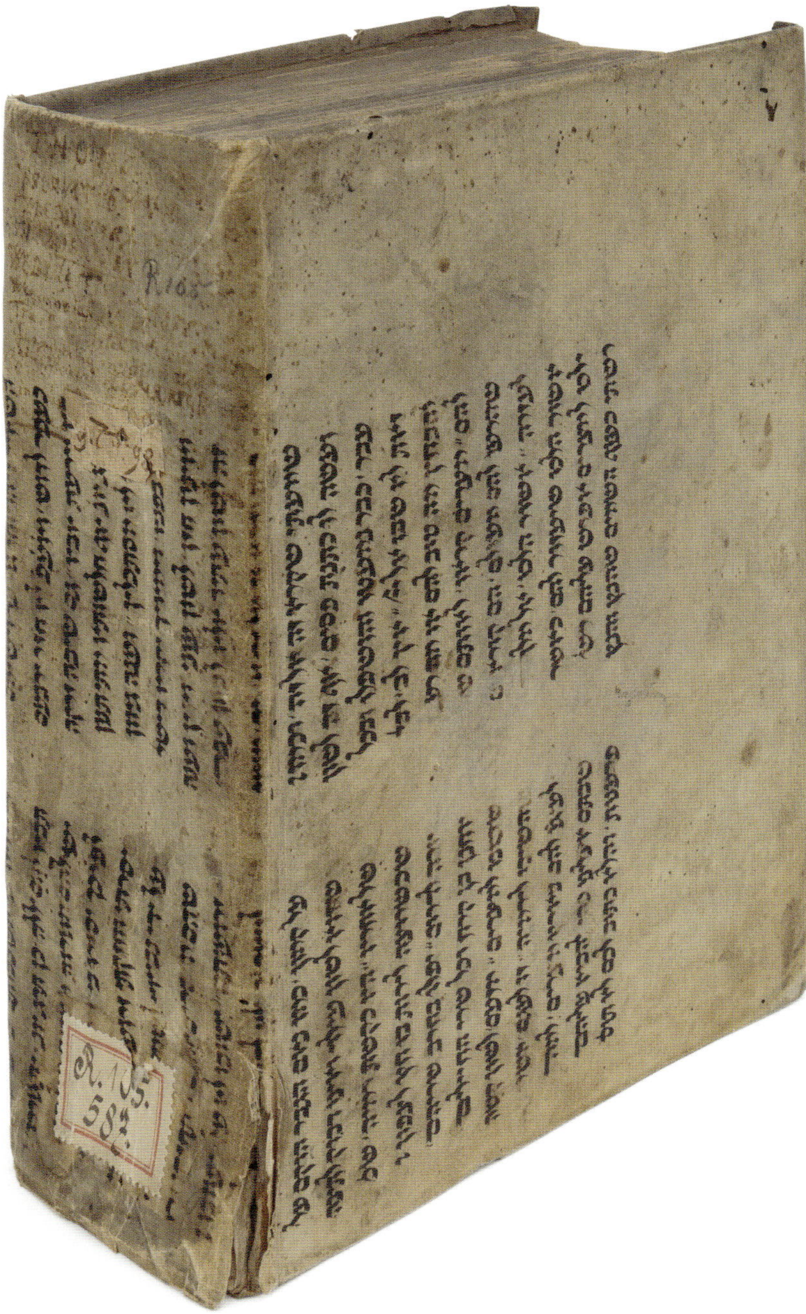

# Bibelkommentar

Der französische Rabbiner Schlomo ben Isaak, auch Raschi genannt, war einer der bedeutendsten jüdischen Gelehrten des 11. Jahrhunderts. Seine Auslegungen zu den biblischen Büchern und sein Kommentar zum Talmud sind bis heute maßgeblich. Auch christliche Gelehrte wurden von Raschis Arbeiten beeinflusst.

Möglicherweise wurde die Handschrift während des Fettmilch-Pogroms 1614 in der Frankfurter Judengasse geplündert, auseinandergeschnitten und wiederverwendet. Die christlichen Buchbinder verkauften die geraubten Pergamente in großen Mengen in andere Städte. Die vorliegende Seite wurde für den Einband eines medizinischen Werkes von Augustin Thoner verwendet, das 1651 in Ulm gedruckt worden war.

# Leben für die Gemeinschaft

Die Mitglieder der jüdischen Gemeinschaft werden vom Zeitpunkt ihrer Geburt an in verschiedenen Ritualen und durch verschiedene Bräuche immer wieder daran erinnert, dass im Leben für die Gemeinschaft der Sinn ihres Lebens zu finden ist: Sie sollen heranwachsen zur Tora, zur Hochzeit und zu guten Taten. Ihre Aufgabe ist es also, die Bibel zu studieren, deren Geboten nachzukommen, für das Weiterbestehen des Judentums Sorge zu tragen und die Verpflichtungen der Gemeinschaft gegenüber wahrzunehmen. Wichtige Ereignisse im Leben eines Individuums wie Geburt, Heirat und Tod werden in festgelegten rituellen Zeremonien gefeiert und sind nicht nur private, sondern vor allem soziale und öffentliche Ereignisse.

**Amulett und Messer zur Dämonenabwehr aus den Ausgrabungen 1987**
18. Jh., Silber, Eisen, Hirschhorn
Archäologisches Museum Frankfurt

# Geburt

An der Geburt eines Kindes waren in der Frühen Neuzeit nicht nur die Eltern und medizinischen Helfer beteiligt, sondern auch den Nachbarinnen kam eine wichtige Rolle zu. Sie umsorgten die Wöchnerin und ihr Kind einen Monat lang nach der Geburt. Sie sagten Segenssprüche auf und spielten Karten mit der Wöchnerin – eine der seltenen Gelegenheiten, in denen Spielen offiziell erlaubt war. Und sie statteten das Schlafzimmer mit den notwendigen Amuletten und magischen Objekten aus.

Eine Geburt war damals lebensgefährlich für Mutter und Kind. Da man die medizinischen Ursachen nicht kannte, schrieb man diese Gefahren der Wirkung von Geistern und dunklen Mächten zu. In der jüdischen Vorstellung stand insbesondere die Dämonin Lilith im Verdacht, sich der Neugeborenen zu bemächtigen und der Wöchnerin zu schaden. Sie und andere Geister konnten durch magische Mittel gebannt werden, dazu gehörten Amulette, mit Abwehrzauber beschriebene Zettel oder magische Objekte wie das Messer, das bei den archäologischen Ausgrabungen im Hinterhof des Hauses Weißer Widder gefunden wurde. Die Frauen steckten ein Messer in das Kopfende des Bettes der Wöchnerin in dem Glauben, das spitze und scharfe Metall könne Schaden fernhalten. Dieser Brauch war bei Juden wie bei Christen verbreitet.

Magische Texte oder Amulette waren bereits im Talmud als Abwehrhilfe gegen diverse Übel akzeptiert. Besonders geläufig waren Amulette, die mit Texten und Buchstaben versehen waren. Im Zimmer der Wöchnerin wurden Papieramulette von der Decke gehängt, metallene Anhänger wurden an oder in der Wiege angebracht. Das ausgestellte Amulett ist mit dem Buchstaben He beschriftet. Er steht für den Gottesnamen, dem besondere Wirkungsmacht zugeschrieben wurde.

**Kissen für die Beschneidung**
Mittelrhein, 4. Viertel 18. Jh., Leinen, Silber, Seidengarn

# Beschneidung

Ein Junge wird der jüdischen Tradition gemäß am achten Tag nach der Geburt beschnitten. Damit tritt er in den Bund zwischen Gott und dem jüdischen Volk. Zehn – traditionell männliche – Juden müssen anwesend sein, wenn der Beschneider, der Mohel, ein Stück der Vorhaut des Gliedes entfernt.

Die Beschneidung fand in der Judengasse in der Synagoge statt, in der zu diesem Zweck eine zweisitzige Bank stand. Auf einem Platz saß der Pate, der das Kind während der Zeremonie hielt und der fortan in einer besonderen Beziehung zum Kind stand. Der zweite Platz ist nach der Tradition für den biblischen Propheten Elias reserviert, da er, der Überlieferung nach, der Zeremonie unsichtbar beiwohnt.

Die Bank war mit prächtig verzierten Kissen geschmückt. Die aufwändige Stickerei des hier ausgestellten Kissens ist in verschiedenen Techniken ausgeführt. Die Garnfarben sind verblasst, sie glänzten ursprünglich aber in kräftigen Farbtönen. Der Brauch, die Beschneidungsbank zu verschönern, ist seit dem Mittelalter bekannt.

### Der Eintritt in die Gemeinschaft

Die Beschneidung ist ein öffentliches Ritual, in dem die Gemeinschaft eine wichtige Rolle spielt. In der Judengasse war auch die Nacht vor der Beschneidung ein Ereignis, das nur unter Beteiligung vieler stattfinden konnte. Die Gemeindemitglieder kamen in das Haus des Neugeborenen, wurden mit Speisen bewirtet und durchwachten bei Gebeten, Spiel und Unterhaltung die Nacht, um böse Geister fernzuhalten. Eine ähnliche Tradition gab es bei Christen in der Nacht vor der Taufe.

Die Beschneidung am nächsten Tag erfolgte nach festen Regeln unter Beteiligung des Beschneiders, des Kindsvaters und von mindestens zehn Männern. Erst nach der Beschneidung und der Aufnahme in die Gemeinschaft wurde der Name des Knaben bekanntgegeben.

Für Mädchen gab es keine vergleichbare Zeremonie. Die öffentliche Erklärung des Namens fand später statt. Wenn die Mutter das erste Mal die Synagoge besuchte, erhielt der Vater die Ehre, zur Tora-Lesung aufgerufen zu werden. Danach gab der Rabbiner der Gemeinde den Namen des Mädchens bekannt.

**Hochzeitsgürtel**
Deutschland, frühes 16. Jh., Silber, Amethyst
Leihgabe Jewish Historical Society of England/Jewish Museum London

# Hochzeit

Die Heirat zwischen Mann und Frau ist nach jüdischer Tradition eine Vorschrift, um das biblische Gebot der Fortpflanzung zu erfüllen. Der Ehe wird ein so großer Stellenwert zugeschrieben, dass in der Frankfurter Judengasse verheiratete Männer deutlich mehr Rechte hatten als unverheiratete: Nur sie durften einen Sitz in der Synagoge erwerben und nur sie waren zur Wahl der Ehrenämter in der Gemeinde und ihrer Verwaltung zugelassen.

In der Judengasse waren von Seiten der Stadt Frankfurt nur zwölf Eheschließungen pro Jahr erlaubt. Sie wurden daher als besonders prächtige, dreitägige Feste gefeiert. Musik und Festmähler umrahmten die Zeremonien. In Frankfurt wie in ganz Mitteleuropa beschenkten sich die Brautleute vor der Hochzeit; oft waren es Gürtel, die sie sich am Vorabend der Hochzeit gegenseitig schickten. Das Brautpaar trug die Gürtel während der Hochzeitszeremonie und verhakte sie zum Zeichen der neuen Verbundenheit ineinander mit Hilfe metallener Ösen. Später wurden diese Gürtel zu den Feiertagen getragen. Da die damalige Mode selten Taschen in der Kleidung kannte, hängte man gerne Beutel oder Schlüssel daran.

### Unter der Chuppa

Jüdische Hochzeiten werden regional und historisch sehr verschieden gefeiert. Einige Elemente sind aber immer zu finden. Dazu gehören der Hochzeitshimmel, die Chuppa, unter dem die Zeremonie vollzogen wird, sieben Segnungen sowie das Trinken aus einem gemeinsamen Becher zum Zeichen der zukünftigen Gemeinschaft der Brautleute.

Vor der Hochzeit wird ein Ehevertrag geschlossen, der seit talmudischer Zeit in gleichen Worten formuliert und in orthodoxen Kreisen auch heute noch verwendet wird. Darin verpflichtet sich der Bräutigam zur Fürsorge für seine Braut. Ein Betrag wird festgesetzt, den die Frau im Falle einer Scheidung oder beim Tod des Ehemanns erhält.

Eine jüdische Ehe kann geschieden werden. Kinderlosigkeit ist traditionsgemäß ein Grund, der den Mann berechtigt, sich von seiner Frau scheiden zu lassen.

**Pokal der Beerdigungsbruderschaft**
Frankfurt am Main, 18. Jh., Silber, getrieben, graviert
Privatbesitz, München

# Tod

Der Pokal gehörte einer Beerdigungsbruderschaft. Solche Bruderschaften existierten in Frankfurt und anderen jüdischen Gemeinden seit dem Ende des 16. Jahrhunderts. Vorher gab es professionelle Totengräber, jetzt übten Freiwillige diese und weitere wohltätige Aufgaben aus. Dabei wurden nur die angesehensten Mitglieder der Gemeinde in die heilige Gemeinschaft, Chewra Kaddischa, aufgenommen.

Einmal im Jahr veranstaltete die Bruderschaft eine feierliche Mahlzeit. Dabei wurden Segenssprüche über den Wein gesprochen, der in silbernen Pokalen gereicht wurde. Besondere Speisen und gelehrte Vorträge begleiteten die Feier.

In den Becher sind die Hauszeichen und die Namen der Mitglieder graviert, darunter bekannte wie Mayer Amschel Rothschild. Oft sind mehrere Generationen einer Familie in der Bruderschaft vertreten. Auf dem Becher namentlich aufgeführt zu sein galt als Ausweis sozialen Engagements und großer Frömmigkeit. Diese Werte waren hoch angesehen in der Judengasse.

### Die Beerdigungsbruderschaften

Die Beerdigungsbruderschaften haben auch heute vielfältige wohltätige Aufgaben. Dazu gehören die rituelle Waschung und die Beerdigung der Verstorbenen, die Betreuung Kranker und die Unterstützung Armer und Bedürftiger. Die Mitglieder pflegen die Friedhöfe und beraten Hinterbliebene über religiöse Vorschriften während der Trauerzeit. Zur Finanzierung dieser Tätigkeiten sammelt die Chewra Kaddischa von den Gemeindemitgliedern Geld. In Frankfurt gab es um 1700 zwei Bruderschaften für Männer und auch eine eigene Gesellschaft für Frauen.

# Der Friedhof

Der Friedhof an der Battonnstraße ist einer der ältesten jüdischen Begräbnisplätze in Europa. Er besteht seit dem 13. Jahrhundert. Jüdische Friedhöfe sind heilige Orte. In Erwartung der Auferstehung der Toten müssen sie auf Dauer unberührt bleiben. Sie sind Orte, an denen für die verstorbenen Angehörigen und Vorfahren gebetet wird, auch über viele Generationen hinweg. Die Grabsteine sind Zeugen für die reiche Tradition jüdischen Lebens in der Stadt. In den Inschriften werden Berufe oder weltliche Handlungen fast nie erwähnt, wohl aber Gelehrsamkeit und Wohltätigkeit. Frömmigkeit gilt als höchste Tugend. Über 2000 Grabsteine sind erhalten. Der weitaus größte Teil wurde von der nationalsozialistischen Stadtverwaltung in den 1940er Jahren zerstört.

# Hanna bat Alexander, gestorben 1272

Dies ist der älteste erhaltene Grabstein auf dem Friedhof Battonnstraße. Er stammt aus dem Jahr 1272. Der Stein ist sehr einfach gestaltet, die hebräische Inschrift ist kurz.

Die hier begrabene Hanna, Tochter des Alexander, starb am 14. Aw 5032, das entspricht dem 12. Juli 1272. Der jüdische Kalender zählt die Jahre nach der Schöpfung der Welt. Nach biblischen Angaben berechneten die antiken Rabbinen dafür das Jahr 3761 v.d.Z. Daher ist die jüdische Jahresrechnung heute bereits im sechsten Jahrtausend. Der Kalender ist ein Mondkalender. Er kennt zwölf Monate mit 29 oder 30 Tagen. Da das Mondjahr kürzer ist als das Sonnenjahr, wird alle zwei bis vier Jahre ein Schaltmonat eingefügt. Das jüdische Jahr beginnt dabei im Spätsommer:

| | |
|---|---|
| Tischri | September - Oktober |
| Cheschwan | Oktober - November |
| Kislew | Anfang November - Anfang Dezember |
| Tewet | Ende November - Mitte Dezember |
| Schwat | Ende Dezember - Mitte Januar |
| Adar | Februar - März |
| Nissan | März - April |
| Ijjar | April - Mai |
| Siwan | Mai - Juni |
| Tammus | Juni - Juli |
| Aw | Juli - August |
| Elul | August - September |

**Inschrift**

Aufgestellt wurde ich, eine Stele, zu Häupten der angesehenen Frau Hanna, Tochter des Herrn Alexander. Sie verschied am 14. Tag des Mondes Aw im Jahre fünftausendundzweiunddreißig der Zählung. Es sei ihre Seele im Garten Eden. Amen, Sela.

# Gute bat Uri, gestorben 1384

Dieser Grabstein ist aus sieben Fragmenten rekonstruiert. Mehr als zwei Drittel der über 6500 Grabsteine wurden 1943 im Auftrag der nationalsozialistischen Stadtverwaltung zerschlagen. Sie sollten als Baumaterial verwendet werden.

Die Inschriften auf jüdischen Grabsteinen folgen in der Mehrheit einem Muster, das aus wiederkehrenden Textelementen gebildet wird: Nach der Einleitung „Hier liegt begraben" oder „Hier liegt geborgen" folgen der Name und der Name des Vaters, danach ein Lob für den oder die Verstorbene. Die hier begrabene Gute wird mit ihrem Beruf, Hebamme, genannt, dies ist aber auf den Grabsteinen sehr selten der Fall. Daran schließt sich das Todesdatum an, manchmal mit einer Umschreibung des Lebensalters, wie bei Gute, die „in gutem Greisenalter" starb. Das Geburtsjahr wird fast nie erwähnt.

Traditionell endet der Text mit den Worten „Seine/ihre Seele möge eingebunden sein in das Bündel des Lebens. Amen." Dieser Wunsch ist ein fester Bestandteil der Inschrift, so dass oft nur die Anfangsbuchstaben des Satzes die Inschrift abschließen.

### Inschrift

Diesen Stein setzte ich als Stele, sie sei Zeugin zu Häupten der Geehrten, der Hebamme, Frau Gute, Tochter des Tora-Gelehrten geehrten Herrn Uri, die verschied in gutem Greisenalter und begraben wurde hier, am Tag 5, am sechzehnten Tag des Monats Aw des Jahres 144 des sechsten Jahrtausends. Ihre Seele sei eingebunden in das Bündel des Lebens, Amen A(men) A(men), Sela.

# Mose ben Daniel, gestorben 1482, und Esther bat Daniel, gestorben 1482

Ein Doppelgrabstein für zwei Kinder ist eine Seltenheit. Oft bekamen Kinder überhaupt keine Grabsteine. Sie wurden am westlichen Ende des Friedhofs auf dem sogenannten Kinderhügel beigesetzt.

Kindergrabsteine lassen auf die hohe Kindersterblichkeit in früheren Zeiten schließen. Von den fünf Kindern des Ehepaars Daniel und Bella starben vier in kürzester Zeit: Esther und Mose starben am 20. und 21. September, ihr Bruder Jona am 22. September. Das vierte Kind Simon starb am 2. Oktober. Die Eltern ließen für alle Kinder Grabsteine aufstellen. Die rasche Todesfolge lässt eine ansteckende Krankheit vermuten. Vielleicht erlagen die Kinder der Pest, die in Frankfurt zu dieser Zeit wütete.

In der Jahresangabe wird hier, wie in vielen Inschriften, das Jahrtausend weggelassen. Zur Umrechnung ins bürgerliche Jahr kann die Faustregel dienen: Jahr der kleinen Zählung + 1240. In der vorliegenden Inschrift hieße das 243 + 1240 = 1483. Das jüdische Jahr beginnt allerdings im September, daher dauert es von September 1482 bis September 1483. Da die Kinder kurz nach dem Neujahrsfest im September starben, ist ihr Todesjahr entsprechend 1482.

### Inschrift

Dieser Stein wurde ausgehauen, für zwei Kostbarkeiten aufgestellt, den Knaben Mose und seine Schwester, die junge Esther, Kinder des Herrn Daniel, die verschieden sind am Vorabend des Schabbats und am Schabbat der Buße des Jahres 243 der kleinen Zählung. Ihre Seelen seien eingebunden in das Bündel des Lebens. Amen, Sela.

# Tirz bat Elijahu Ostheim, gestorben 1632, und Moses ben Jakob zum Schlüssel, gestorben 1633

Doppelgrabsteine für Ehepaare sind auf jüdischen Friedhöfen selten, auch wenn Ehepaare und Familienmitglieder oft nah beieinander bestattet werden. Der seltene Grabstein steht heute eng an die Friedhofsmauer gerückt. Er wurde 1943 zusammen mit 175 anderen historisch oder künstlerisch wertvollen Grabsteinen auf den neueren jüdischen Friedhof gerettet; die übrigen Grabsteine wurden zum größten Teil im Auftrag der Stadtverwaltung zerstört. Anfang der 1950er Jahre wurden die Grabsteine wieder zum Friedhof Battonnstraße gebracht.

Ehen in der Judengasse waren meist arrangiert. Die zukünftigen Ehepartner wurden von den Eltern nach sozialen, familiären und wirtschaftlichen Erwägungen ausgesucht. Dennoch gab es auch Liebesbeziehungen in der Ehe, worauf vielleicht der seltene Doppelgrabstein und die Inschrift deutet, dass Tirz ihrem „Gatten willkommen" war. Ob er auch ihr willkommen war, darüber erfahren die Leser allerdings nichts.

### Inschrift

Moses zum Schlüssel. Mittwoch, am Vorabend des Neumonds Adar 393 wurde dieser Stein errichtet über dem aufrechten Mann, rein und tugendhaft, getreu wie Moses, demütig, der geehrte Herr Moses, Sohn des Jakob, seinem Andenken zum Segen. Seine Seele sei eingebunden in das Bündel des Lebens. Amen, Sela.

Und seine Gattin Tirz Ostheim. Am zweiten Tag der Tora-Gebung 392 wurde dieser Stein aufgestellt zu Häupten einer angesehenen und schönen Frau, ihrem Gatten willkommen, Frau Tirz, Tochter des Elia Ostheim. Ihre Seele sei eingebunden in das Bündel des Lebens.

# Gitle bat Mordechai Eibelstadt, gestorben 1672

Seit dem 17. Jahrhundert finden sich in Frankfurt Grabsteine mit steinernem Schmuck. Die Hauszeichen sind dafür besonders beliebt. Nur selten kommen in Frankfurt auch andere Symbole vor, wie beim Grabstein der Gitle Deutz.

Der Inschrift fehlen zwei Zeilen, die nach älteren Quellen hier ergänzt worden sind. Der Grabstein ist wahrscheinlich zerbrochen, als er vor der geplanten Zerstörung des Friedhofs durch die Nationalsozialisten mit 175 anderen Steinen auf den jüngeren jüdischen Friedhof gebracht wurde. Jene Steine wurden in den 1950er Jahren zurückgebracht und entlang der Umfassungsmauer aufgestellt, da man die ursprünglichen Standorte nicht mehr ermitteln konnte.

Die beiden Löwen auf dem Stein weisen auf das Haus Grüner Löwe hin, in dem Gitle wohnte. Außergewöhnlich ist die Abbildung eines Davidsterns. Bis zum 19. Jahrhundert wird er nur sehr selten als jüdisch-nationales Identifikationszeichen verwendet. Hier spielt er auf den Namen von Gitles Ehemann, David, an.

Gitle und ihr Mann, ihre Söhne Jakob und Löw sowie die Enkelkinder David und Gutchen (eine andere Form von Gitle) wurden in unmittelbarer Nähe zueinander begraben. Alle Steine der Familie sind ungewöhnlich reich geschmückt.

### Inschrift

Gitle, Gattin des David Deutz zum Grünen Löwen. Geht hinaus und seht herzu dieses Zeichen, welches ich setzte zu Häupten einer angesehenen und würdigen Frau, die achtsam war in ihren Geboten wie Hanna. Frau Gitle, Tochter des Herrn Mordechai Eibelstadt, verschieden und begraben Nachfeiertag des Pessachfestes 432.

# David ben Elchanan Leiter zur Leuchte, gestorben 1692

Der Grabstein von David Leiter zur Leuchte zeigt sein Hauszeichen, die Leuchte, und eine Leiter, die seinen Zunamen illustriert. Familien nannten sich oft nach dem Haus, in dem sie wohnten. Zog ein Sohn einer bekannten Familie in ein anderes Haus, behielt er bisweilen den Familiennamen und fügte dann den neuen Hausnamen hinzu.

Der untere Teil des Steines fehlt, vermutlich eine Folge der Zerstörung in der NS-Zeit.

In der Inschrift für David Leiter zur Leuchte wird die Vorstellung ausgedrückt, dass sich mit dem Tod Seele und Körper trennen. Traditionell wird eine Wiedervereinigung des Körpers und der Seele am Ende der Zeiten erwartet, wenn Gott die Toten auferweckt und die Körper auferstehen. Daher soll die Totenruhe auf einem jüdischen Friedhof immer gewahrt werden.

### Inschrift

Der teure, geehrte Herr David Leiter zur Leuchte. Diesen Stein setzte ich zu Häupten des Erhabenen, der frühmorgens und abends ins Haus des Gebets ging. Sein Leib im Grabe daniederliegt und seine Seele stieg hinauf nach droben. Der geehrte Herr David, Sohn des geehrten Herrn Elchanan, seinem Andenken zum Segen, verschieden und begraben am Tag 3, 28. Ijjar 452 der Zählung. Seine Seele sei eingebunden in das Bündel des Lebens.

# Hirz Meise zum Goldenen Strauß, gestorben 1716

Seit dem 17. Jahrhundert wurden die Grabsteine der Wohlhabenden reicher verziert. Neben den Hauszeichen finden sich auch Ornamente und Blumenmotive. Die Inschriften werden ausführlicher und schmücken die Beschreibung der Verstorbenen mit Details aus.

Traditionell werden die Toten möglichst schnell, nämlich am folgenden Tag, beerdigt. Da Hirz am Freitag, dem Vorbereitungstag für den Schabbat, gestorben war, am Schabbat aber keine Beerdigungen vorgenommen werden, wurde er sogar noch am Todestag selbst beerdigt. Der Grabstein wurde am ersten Todestag gesetzt.

Die Lobesreden der Inschriften stellen insbesondere die Frömmigkeit des Verstorbenen heraus. Die weltlichen Tätigkeiten werden selten erwähnt, wohl aber der religiöse Lebenswandel und der Dienst an der Gemeinschaft, wie die Mitgliedschaft in der Chewra Kaddischa, der Beerdigungsbruderschaft. Zahlreiche Ehrentitel beschreiben Hirz Meise als angesehenen Mann. Er wird Morenu, unser Lehrer, genannt, was eine der höchsten und besonders seltenen Auszeichnungen ist.

### Inschrift

Der geehrte Herr, der Einflussreiche und Ernannte der Gemeinde, unser Lehrer und Meister, Hirz Meise zum Goldenen Strauß, 25. Nissan 476 nach kleiner Zählung. Einen Hauptstein setzte ich zum Zeichen dem Vorzüglichen, dem Manne, der aus Liebe diente dem Herrn der Herren, handelnd und wandelnd in Treue, ohne Unrecht, und der beschäftigt war mit Tora und Geboten von Zeit und Zeiten her, frühmorgens und abends (ging er) zur Synagoge, um zu Gott zu beten, dem, der in den Wohnstätten weilt, auch war er einer von der Chewra Kaddischa der Totengräber, unser Lehrer und Meister Naftali, Sohn des Vorstehers und Leiters und Kastenmeisters, unseres Lehrers und Meisters Nathan, seinem Andenken zum Segen, verschieden und begraben am Rüsttag des heiligen Schabbat, 25. Nissan des oben genannten (Jahres). Seine Seele sei eingebunden in das Bündel des Lebens.

# Wolf ben Hirz Rheinganum, gestorben 1828

Dies ist einer der jüngsten Grabsteine auf dem Friedhof Battonnstraße, der 1828 mit 6500 Grabsteinen und wohl etwa 26 000 Bestattungen geschlossen wurde.

Der schlichte Grabstein mit der insgesamt typischen Gestaltung zeigt eine auffällige Abwandlung der jahrhundertealten Form: In der oberen Rundung fehlt das Hauszeichen. Im Jahr 1828 war der Zwang, in der Judengasse wohnen zu müssen, schon seit mehreren Jahrzehnten aufgehoben. Entsprechend nahm die Bedeutung der Hauszeichen ab. An seiner Stelle ist in dekorativer Manier das Todesdatum eingemeißelt.

**Inschrift**

Hier ist geborgen der Vornehme und der Einflussreiche, der Teure und der Gepriesene, der Geehrte, verschieden Tag 1, 25. Schwat 588 der Zählung. Wolf, Sohn des Seligen, des geehrten Meisters, Herrn Hirz Rheinganum, seinem Andenken zum Segen, der den Ewigen ehrfürchtete, handelte und wandelte in Treue, und Falsch war nicht gefunden auf seinen Lippen, er empfing jedermann mit freundlichem Angesicht, sein Gespräch, sein Wort waren wohlgefällig zu jedermann. Zum Lohn dessen sei seine Seele eingebunden in das Bündel des Lebens, Amen.

# Kaiser, Rat und Juden

Wer bestimmte das Leben in der Judengasse? Juden waren Teil einer vielschichtigen Stadtgesellschaft, in der jede Gruppe eigene Rechte und Pflichten hatte. Obwohl Juden nur in der Judengasse wohnen durften und höhere Abgaben zahlen mussten, hatten sie doch das Recht, Synagogen zu bauen, sich selbst zu verwalten und eigene Gerichte zu unterhalten.

Rechte und Pflichten regelte die „Stättigkeit". Die einzelnen Vorschriften darin waren immer wieder Gegenstand der Auseinandersetzung zwischen dem Rat der Stadt, Vertretern der Bürgerschaft und der jüdischen Gemeinde.

Eine herausragende Rolle spielte der Kaiser. Als Freie Reichsstadt unterstand Frankfurt direkt dem Kaiser. Dieser verstand sich aber auch als oberster Schutzherr der Juden. Immer wieder griff er zu ihren Gunsten in die städtische Politik ein.

Zahlreiche Erlasse und Verordnungen sind aus der Frühen Neuzeit überliefert. Sie zeigen, wie der Rat die alltäglichen Beziehungen zwischen Christen und Juden zu regeln versuchte.

**Stättigkeit der Juden zu Frankfurt**
Frankfurt am Main, 1613

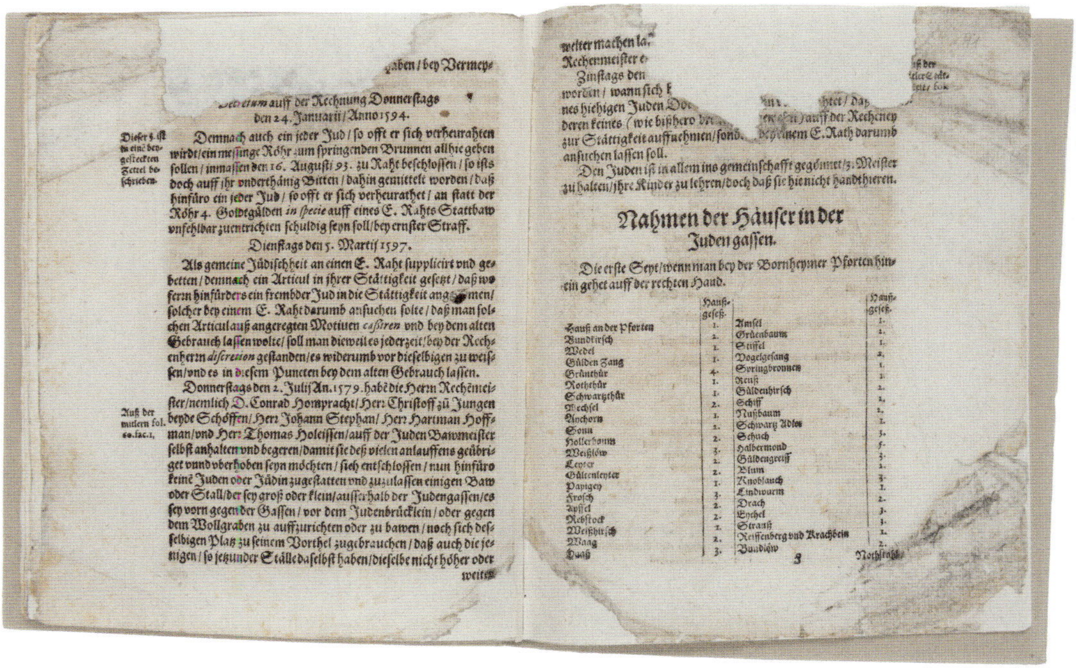

...gaben / bey Vermey-

...cretum auff der Rechnung Donnerstags den 24. Januarii / Anno 1594.

Dieser §. ist in eine beygesteckten Zettel beschrieben.

Demnach auch ein jeder Jud / so offt er sich verheurahten wirdt / ein messinge Röhr zum springenden Brunnen allhie geben sollen / inmassen den 16. Augusti 93. zu Raht beschlossen / so ists doch auff ihr underthänig Bitten / dahin gemittelt worden / daß hinfüro ein jeder Jud / so offt er sich verheurathet / an statt der Röhr 4. Goldtgülden *in specie* auff eines E. Rahts Stattbaw unfehlbar zuentrichten schuldig seyn soll / bey ernster Straff.

Dienstags den 5. Martij 1597.

Als gemeine Jüdischheit an einen E. Raht supplicirt und gebetten / demnach ein Articul in ihrer Stättigkeit gesetzt / daß wofern hinfürders ein frembder Jud in die Stättigkeit ang...men / solcher bey einem E. Raht darumb ansuchen solte / daß man solchen Articul auß angeregten Motiven *cassiren* und bey dem alten Gebrauch lassen wolte / soll man dieweil es jederzeit / bey der Rechenherrn *discretion* gestanden / es widerumb vor dieselbigen zu weissen / und es in diesem Puncten bey dem alten Gebrauch lassen.

Auß der mitlern fol. 60. fac. 1.

Donnerstags den 2. Julij An. 1579. habē die Herrn Rechēmeister / nemlich D. Conrad Hompracht / Herr Christoff zū Jungen beyde Schöffen / Herr Johann Stephan / Herr Hartman Hoffman / und Herr Thomas Holeissen / auff der Juden Bawmeister selbst anhalten und begeren / damit sie deß vielen anlauffens geübriget unnd uberhoben seyn möchten / sich entschlossen / nun hinfüro keinē Juden oder Jüdin zugestatten und zuzulassen einigen Baw oder Stall / der sey groß oder klein / ausserhalb der Judengassen / es sey vorn gegen der Gassen / vor dem Judenbrücklein / oder gegen dem Wollgraben zu auffzurichten oder zu bawen / noch sich desselbigen Platz zu seinem Vorthel zugebrauchen / daß auch die jenigen / so jetzunder Ställe daselbst haben / dieselbe nicht höher oder weiter

weiter machen la...
Rechenmeister e...
Zinstags den ...
worden / wann sich k... ...ßder
nes hiehigen Juden Do... ...u... ...chtet / daß ...eller Eck
deren keines (wie bißhero b... ...gewesen) auff der Rechenev
zur Stättigkeit auffnehmen / sond... bey einem E. Rath darumb ansuchen lassen soll.

Den Juden ist in allem ins gemeinschafft gegönnet / 3. Meister zu halten / ihre Kinder zu lehren / doch daß sie hie nicht handthieren.

## Nahmen der Häuser in der Juden gassen.

Die erste Seyt / wenn man bey der Bornheymer Pforten hinein gehet auff der rechten Hand.

| | Hauß-geseß. | | Hauß-geseß. |
|---|---|---|---|
| Hauß an der Pforten | 1. | Amsel | 1. |
| Bundkirsch | 2. | Grüenbaum | 2. |
| Wedel | 1. | Stiffel | 1. |
| Gülden Zang | 1. | Vogelgesang | 2. |
| Grünthür | 4. | Springbronnen | 1. |
| Roththür | 1. | Reuß | 1. |
| Schwartzthür | 1. | Güldenhirsch | 2. |
| Wechsel | 2. | Schiff | 1. |
| Anchorn | 1. | Nußbaum | 2. |
| Sonn | 1. | Schwartz Adler | 1. |
| Hollerbaum | 2. | Schuch | 3. |
| Weißlöw | 3. | Halbermond | 5. |
| Leyter | 2. | Güldengreiff | 3. |
| Gültenleyter | 2. | Blum | 1. |
| Papigey | 1. | Knoblauch | 3. |
| Frosch | 3. | Lindwurm | 1. |
| Apffel | 2. | Drach | 2. |
| Rebstock | 2. | Eychel | 3. |
| Weißhirsch | 1. | Strauß | 1. |
| Waag | 2. | Reiffenberg und Krachbein | 1. |
| Duaß | 3. | Bundlöw | 2. |

S Nothstall...

# Stättigkeit der Juden zu Frankfurt

Das Leben der Frankfurter Juden unterlag einer besonderen rechtlichen Anordnung, der Stättigkeit, die im 15. Jahrhundert erstmals erlassen wurde.

Der Text der Stättigkeit enthielt nicht nur die Regelungen, sondern führte auch den Anlass ihrer Entstehung an. Ihm ging ein Verhandlungsprozess voran, der weder formal festgelegt noch demokratisch war.

Im gezeigten Beispiel erließ der Frankfurter Rat im Jahr 1574 eine Bestimmung zur Zulassung von Juden. Nach Protesten der Juden wurde diese Bestimmung im Jahr 1587 zurückgenommen. Ein Einschub von 1579 setzte fest, dass Juden nur in der Judengasse Gebäude errichten dürfen. Dies erfolgte ausdrücklich auf Wunsch der jüdischen Gemeindevorsteher.

### Für und Wider

Die Stättigkeit umfasste viele Einschränkungen. Die Frankfurter Juden mussten in der Judengasse wohnen, die nachts und an christlichen Feiertagen geschlossen war. Sie sollten an der Kleidung Kennzeichen tragen und waren von jeder formalen politischen Teilhabe ausgeschlossen. Juden durften nur wenige Handwerksberufe ausüben und auch bei den Handelsberufen gab es Beschränkungen. Die Stättigkeit bestimmte die Höhe der Abgaben und die Anzahl der Heiraten pro Jahr.

Andererseits schützte die Stättigkeit die Frankfurter Juden. Sie garantierte das Aufenthaltsrecht in der Stadt und ermöglichte es ihnen, Bestimmungen einzuklagen. Sie gewährte auch ein hohes Maß an Selbstständigkeit und Religionsfreiheit.

**Erlaubnis für Juden, Wein bei Christen einzulagern**
Frankfurt am Main, 3. Oktober 1764, Papier

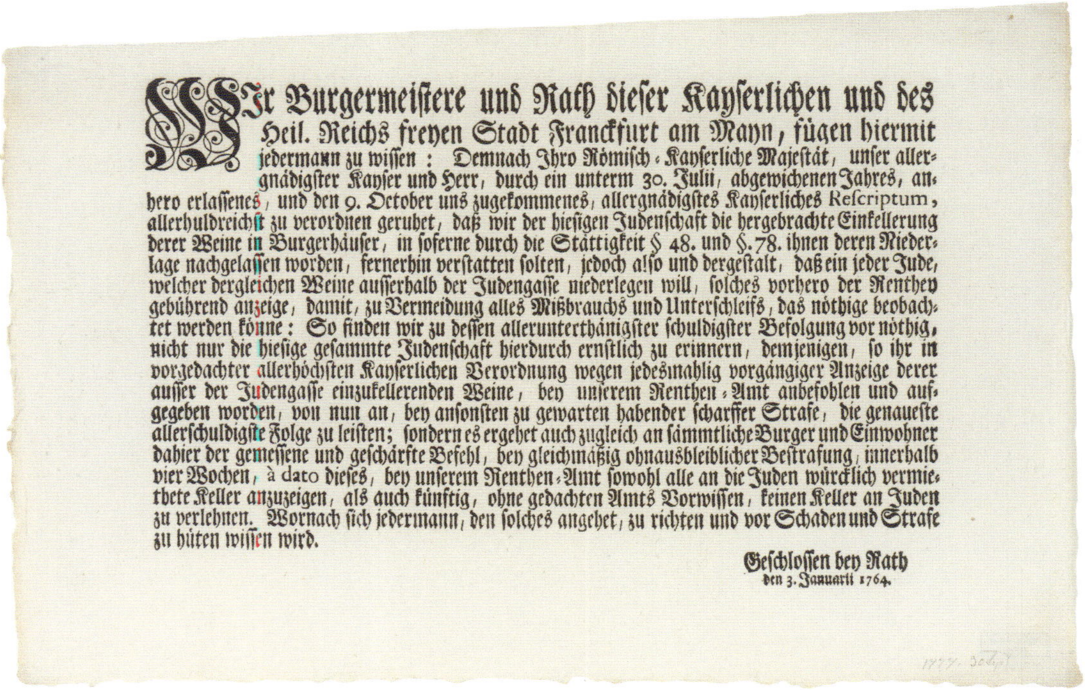

Wir Burgermeistere und Rath dieser Kayserlichen und des Heil. Reichs freyen Stadt Franckfurt am Mayn, fügen hiermit jedermann zu wissen: Demnach Ihro Römisch-Kayserliche Majestät, unser allergnädigster Kayser und Herr, durch ein unterm 30. Julii, abgewichenen Jahres, anhero erlassenes, und den 9. October uns zugekommenes, allergnädigstes Kayserliches Rescriptum, allerhuldreichst zu verordnen geruhet, daß wir der hiesigen Judenschaft die hergebrachte Einkellerung derer Weine in Burgerhäuser, in soferne durch die Stättigkeit § 48. und §. 78. ihnen deren Niederlage nachgelassen worden, fernerhin verstatten solten, jedoch also und dergestalt, daß ein jeder Jude, welcher dergleichen Weine ausserhalb der Judengasse niederlegen will, solches vorhero der Renthey gebührend anzeige, damit, zu Vermeidung alles Mißbrauchs und Unterschleifs, das nöthige beobachtet werden könne: So finden wir zu dessen allerunterthänigster schuldigster Befolgung vor nöthig, nicht nur die hiesige gesammte Judenschaft hierdurch ernstlich zu erinnern, demjenigen, so ihr in vorgedachter allerhöchsten Kayserlichen Verordnung wegen jedesmahlig vorgängiger Anzeige derer ausser der Judengasse einzukellerenden Weine, bey unserem Renthen-Amt anbefohlen und aufgegeben worden, von nun an, bey ansonsten zu gewarten habender scharffer Strafe, die genaueste allerschuldigste Folge zu leisten; sondern es ergehet auch zugleich an sämmtliche Burger und Einwohner dahier der gemessene und geschärfte Befehl, bey gleichmäßig ohnausbleiblicher Bestrafung, innerhalb vier Wochen, à dato dieses, bey unserem Renthen-Amt sowohl alle an die Juden würcklich vermiethete Keller anzuzeigen, als auch künftig, ohne gedachten Amts Vorwissen, keinen Keller an Juden zu verlehnen. Wornach sich jedermann, den solches angehet, zu richten und vor Schaden und Strafe zu hüten wissen wird.

Geschlossen bey Rath
den 3. Januarii 1764.

# Erlaubnis für Juden, Wein bei Christen einzulagern

In den Zeiten, in denen es in den Brunnen kein hygienisch unbedenkliches Trinkwasser gab, gehörten Bier und Wein zu den Alltagsgetränken. Der Weinhandel war daher weit verbreitet, auch unter Juden. Wein wurde immer in Fässern gehandelt, die viel Platz benötigten. Um diese Fässer zu lagern, mieteten Juden oft Keller außerhalb der Judengasse an.

Als dies den Juden verwehrt werden sollte, wandten sie sich an den Kaiser und erhielten Recht. Dem kaiserlichen Bescheid musste sich auch der Rat der Stadt fügen. Er ordnete an, dass Juden weiterhin Keller christlicher Bürger mieten durften, dies aber vorher melden mussten; ebenso sollten die Bürger eine Vermietung anzeigen. Das Blatt erinnert an diese Verordnung und droht „scharffe Strafe“ bei Nichtbefolgung an.

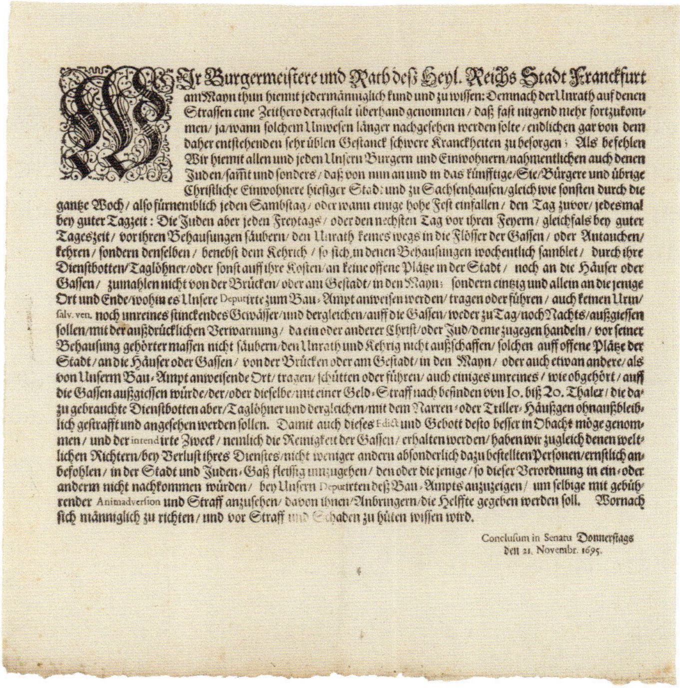

Wir Burgermeistere und Rath deß Heyl. Reichs Stadt Franckfurt am Mayn thun hiemit jedermänniglich kund und zu wissen: Demnach der Unrath auf denen Strassen eine Zeithero dergestalt überhand genommen / daß fast nirgend mehr fortzukommen / ja/wann solchem Unwesen länger nachgesehen werden solte / endlichen gar von dem daher entstehenden sehr üblen Gestanck schwere Kranckheiten zu besorgen; Als befehlen Wir hiemit allen und jeden Unsern Burgern und Einwohnern/nahmentlichen auch denen Juden/sammt und sonders / daß von nun an und in das künfftige/Sie/Bürgere und übrige Christliche Einwohnere hiesiger Stadt und zu Sachsenhausen/gleich wie sonsten durch die gantze Woch / also fürnemblich jeden Sambstag / oder wann einige hohe Fest einfallen / den Tag zuvor/ jedesmal bey guter Tagzeit: Die Juden aber jeden Freytags / oder den nechsten Tag vor ihren Feyern / gleichfals bey guter Tageszeit / vor ihren Behausungen säubern / den Unrath keines wegs in die Flösser der Gassen / oder Antauchen/ kehren / sondern denselben / benebst dem Kehrich / so sich in denen Behausungen wochentlich samblet / durch ihre Dienstbotten/ Taglöhner/ oder sonst auff ihre Kosten/ an keine offene Plätze in der Stadt / noch an die Häuser oder Gassen / zumahlen nicht von der Brücken / oder am Gestadt / in den Mayn; sondern eintzig und allein an die jenige Ort und Ende/ wohin es Unsere Deputirte zum Bau-Ampt anweisen werden / tragen oder führen / auch keinen Urin / salv. ven. noch unreines stinckendes Gewässer/ und dergleichen / auff die Gassen / weder zu Tag / noch Nachts / außgiessen sollen / mit der außdrücklichen Verwarnung / da ein oder anderer Christ / oder Jud / deme zugegen handeln / vor seiner Behausung gehörter massen nicht säubern / den Unrath und Kehrig nicht außschaffen / solchen auff offene Plätze der Stadt / an die Häuser oder Gassen / von der Brücken oder am Gestadt / in den Mayn / oder auch etwan andere / als von Unserm Bau-Ampt anweisende Ort / tragen / schütten oder führen / auch einiges unreines / wie obgehört / auff die Gassen außgiessen würde / der/ oder dieselbe / mit einer Geld-Straff nach befinden von 10. biß 20. Thaler / die dazu gebrauchte Dienstbotten aber / Taglöhner und dergleichen / mit dem Narren- oder Triller-Häußgen ohnaußbleiblich gestrafft und angesehen werden sollen. Damit auch dieses Edict und Gebott desto besser in Obacht möge genommen / und der intendirte Zweck / nemlich die Reinigkeit der Gassen / erhalten werden / haben wir zugleich denen weltlichen Richtern / bey Verlust ihres Dienstes / nicht weniger andern absonderlich dazu bestellten Personen / ernstlich anbefohlen / in der Stadt und Juden-Gaß fleissig umzugehen / den oder die jenige / so dieser Verordnung in ein- oder andern nicht nachkommen würden / bey Unsern Deputirten deß Bau-Ampts anzuzeigen / um selbige mit gebührender Animadversion und Straff anzusehen / davon ihnen / Anbringern / die Helffte gegeben werden soll. Wornach sich männiglich zu richten / und vor Straff und Schaden zu hüten wissen wird.

Conclusum in Senatu Donnerstags den 21. Novembr. 1695.

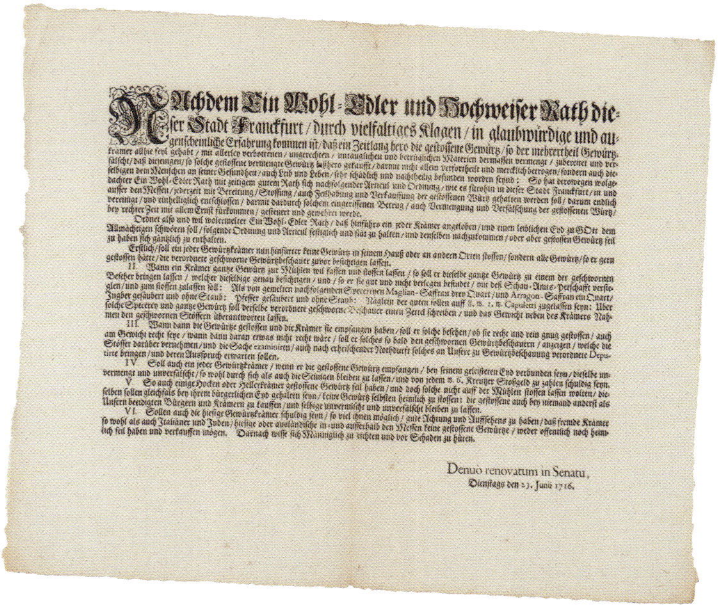

Nachdem Ein Wohl-Edler und Hochweiser Rath dieser Stadt Franckfurt / durch vielfaltiges Klagen / in glaubwürdige und augenscheinliche Erfahrung kommen ist / daß ein Zeitlang hero die gestossene Gewürtz / so der mehrertheil Gewürtz-
krämer allhie feyl gehabt / mit allerley verbottenen / ungerechten / untauglichen und betrüglichen Materien dermassen vermengt / zubereitet und verfälscht / daß diejenigen / so solche gestossene vermengte Gewürtz bißhero gekaufft / darmit nicht allein vervortheilt und mercklich betrogen / sondern auch dieselbigen dem Menschen an seiner Gesundheit / auch Leib und Leben / sehr schädlich und nachtheilig befunden worden seynd: So hat derowegen wolgedachter Ein Wohl-Edler Rath mit zeitigem gutem Rath sich nachfolgender Articul und Ordnung / wie es fürohin in dieser Stadt Franckfurt / in und ausser den Messen / jederzeit mit Bereitung / Stossung / auch Feilhabung und Verkauffung der gestossenen Würtz gehalten werden soll / vereinigt / und einhelliglich entschlossen / darmit dardurch solchem eingerissenen Betrug / auch Vermengung und Verfälschung der gestossenen Würtz / bey rechter Zeit mit allem Ernst fürkommen / gesteuert und gewehret werde.

Ordnet also und wil wolermelter Ein Wohl-Edler Rath / daß hinführo ein jeder Krämer angeloben / und einen leiblichen Eyd zu GOtt dem Allmächtigen schwören soll / folgende Ordnung und Articul festiglich und stät zu halten / und denselben nachzukommen / oder aber gestossen Gewürtz feil zu haben sich gäntzlich zu enthalten.

Erstlich / soll ein jeder Gewürtzkrämer nun hinfürter keine Gewürtz in seinem Hauß oder an andern Orten stossen / sondern alle Gewürtz / so er gern gestossen hätte / die verordnete geschworne Gewürtzbeschauer zuvor besichtigen lassen.

II. Wann ein Krämer gantze Gewürtz zur Mühlen wil fassen und stossen lassen / so soll er dieselbe gantze Gewürtz zu einem der geschwornen Beseher bringen lassen / welcher dieselbige genau besichtigen / und / so er sie gut und nicht verlegen befindet / mit deß Schau-Amts-Petschafft versiglen / und zum stossen zulassen soll: Als von gemelten nachfolgenden Speccereyen Maglian-Saffran drey Quart / und Arragon-Saffran ein Quart / Ingber gesäubert und ohne Staub: Pfeffer gesäubert und ohne Staub: Näglein der guten sollen auff 8. ℔. 1. ℔. Capuletti zugelassen seyn: Uber solche Speccerey und gantze Gewürtz soll derselbe verordnete geschworne Beschauer einen Zettel schreiben / und das Gewicht neben des Krämers Nahmen den geschwornen Stössern überantworten lassen.

III. Wann dann die Gewürtze gestossen und die Krämer sie empfangen haben / soll er solche besehen / ob sie recht und rein gnug gestossen / auch am Gewicht recht seye / wann dann daran etwas nicht recht wäre / soll er solches so bald den geschwornen Gewürtzbeschauern / anzeigen / welche die Stösser darüber vernehmen / und die Sache examiniren / auch nach erheischender Nothdurfft solches an Unsere zu Gewürtzbeschauung verordnete Deputirte bringen / und deren Ausspruch erwarten sollen.

IV. Soll auch ein jeder Gewürtzkrämer / wenn er die gestossene Gewürtz empfangen / bey seinem geleisteten Eyd verbunden seyn / dieselbe unvermengt und unverfälscht / so wohl durch sich als auch die Seinigen bleiben zu lassen / und von jedem ℔. 6. Kreutzer Stoßgeld zu zahlen schuldig seyn.

V. So auch einige Hocken oder Hellerkrämer gestossene Gewürtz feil haben / und doch solche nicht auff der Mühlen stossen lassen wolten / dieselben sollen gleichfals bey ihrem bürgerlichen Eyd gehalten seyn / keine Gewürtz selbsten heimlich zu stossen: die gestossene auch bey niemand anderst als Unsern beeidigten Bürgern und Krämern zu kauffen / und selbige unvermischt und unverfälscht bleiben zu lassen.

VI. Sollen auch die hiesige Gewürtzkrämer schuldig seyn / so viel ihnen möglich / gute Achtung und Auffsehens zu haben / daß fremde Krämer so wohl als auch Italiäner und Juden / hiesige oder ausländische in- und ausserhalb den Messen keine gestossene Gewürtze / weder offentlich noch heimlich feil haben und verkauffen mögen. Darnach wisse sich Männiglich zu richten und vor Schaden zu hüten.

Denuò renovatum in Senatu, Dienstags den 23. Junii 1716.

# Ratsverordnungen

Die städtische Gesellschaft bestand aus verschiedenen Gruppierungen mit unterschiedlichen Rechten, die in den Ratsverordnungen festgelegt wurden. Im Jahr 1716 stellte zum Beispiel der Rat Richtlinien für den Gewürzhandel auf und verpflichtete alle Krämer zu ihrer Einhaltung. Die Richtlinie untersagte es verschiedenen Gruppierungen der Stadt, nämlich fremden Krämern, Italienern und Juden Gewürze zu verkaufen.

Nur selten richteten sich die Bestimmungen gleichermaßen an alle Einwohner: Im Jahr 1695 etwa sah sich der Rat durch den Schmutz und den Unrat in den Straßen dazu veranlasst, eine allgemeine Reinigungspflicht anzuordnen. Diese legte fest, dass Christen am Samstag und Juden am Freitag die Straßen säubern und den Müll wegschaffen sollten.

### Kein gleiches Recht für alle

Die städtische Gesellschaft gliederte sich in soziale und religiöse Gruppen und unterschied nach Berufszugehörigkeit und nach Herkunft. All diese Gruppierungen hatten unterschiedliche Rechte. So galten für italienische Einwanderer andere Bestimmungen als für Gesellen, die ein Handwerk lernten. Einwohner ohne Bürgerrecht, sogenannte Beisassen, wurden anders behandelt als die Calvinisten, die aus Antwerpen eingewandert waren. Das Geschlecht wirkte ebenfalls trennend – Frauen hatten generell nur sehr eingeschränkte Rechte.

**Gebet des Frankfurter Oberrabbiners zur Kaiserkrönung Leopolds II.**
Pinchas haLevi Horowitz (1751–1817)
Frankfurt am Main, 1790

אשירה נא שירת דודי · ביום שמחתי ויום מחמדי
בתוך קהל ועדה · בבירת קדשי ומועדי

מה טוב ומה נעים שבת אחים · ביום אתמול עת האסף הסגנים והפחים · בחיבה יתירה הנודעת להם וזה לזה נוחים · כולם אהובים כחיבת דודים צהלים ושמחים · וכולם לדעה אחת מכוונים · זה לזה עונים · בשמחה ורננים ·

יחי אדונינו המלך הקיסר לעפאלדום השני
לאורך ימים טובים ושנים · אמן :

ל כן אנחנו חייבים להודות להלל ולשבח ונודה לה׳ אשר הפליא עלינו חסדו

ע ל כל הטוב אשר הופיע מכבודו · וישם כתר מלכות על ראש תפארת בחירו וידידו :

פ לגי מים לב מלך ביד ה׳ · וה׳ יהי בעזרו ומגן בעדו על כסא מלכותו לסמכו ולסעדו :

א ל אדוננו המלך האדיר המהולל המשובח והמפואר

המיוחס המפורסם החסיד הקיסר לעפאלדום
השני ירום הודו אמן :

ל א יסור שבט המלוכה ממנו ויאריך ימים על ממלכתו מלך ביופיו וטובו ומחמדו :

ד ור לדור ישבח תהלתו ויקר תפארת גדולתו והדר כבודו :

ו יברכהו ה׳ ברכת שמים מעל עד תאות גבעת עולם בנפשו ובכל מאודו :

ם גולת מלכים בהט ושש ודר וסחרת וכל כלי חמודו :

עזרו מעם ה׳ היא המלכה המהוללה המיוחסת
כל כבודה בת מלך פנימה :
הגבירה והיקרה · בהודה והדרה :

Pinchas Horowitz

Laßt uns anstimmen ein Freudenlied, an dem Tage unsrer Lust und Wonne, mitten in der Versammlung der Gemeine in diesem Gott geheiligten Hause!

Wie gut und liebreich war die verbrüderte Zusammenkunft des gestrigen Tages; eine Zusammenkunft der erhabensten und höchsten Fürsten, in wechselseitiger überschwenglicher Liebe und Zuneigung! Alle erfüllt mit lauterer Freundschaft, Freude und Wonne, und Alle eines Sinnes und Gedankens, einander freundlich und liebreich sich eröfnend:

„Es lebe Unser Herr, der Kayser und König

LEOPOLD II.

„lange Tage, angenehm, und bis in die späteste Jahre! Amen!

Laßt uns also, wie uns obliegt, dem Ewigen danken und lobpreisen, der seine wundervolle Gnade über uns ausgeschüttet, für alle das Gute, das er dadurch erwiesen, indem er die Königliche Krone auf das glänzende Haupt seines auserwählten Lieblings gesetzt, und Diesem von seiner Ehre mitgetheilt hat!

Die Hand Gottes regiere das Herz des Königs, wie sie die Wassern leitet; der Ewige beschütze Ihn auf Seinem Königlichen Throne mächtig und thätig, Unsern Allergnädigsten König und Herrn, den mächtigen, lobenswürdigen, gepriesenen allgemein geliebten und bewunderten und weisesten Kayser

LEOPOLD II.

Sein Glanz verbreite sich mehr und mehr, der Scepter weiche nicht von Ihm, und die Tage Seiner Regierung mögen lange währen, schön, angenehm und wonnevoll seyn!

Sein Ruhm, Seine Würde, Sein Glanz, Seine Größe, und Seine ehrnvolle Anmuth, pflanze von einem Geschlecht auf das Andere sich fort!

Der Ewige seegne Ihn mit himmlischen Seegen, Ihn und alle Seine Länder!

Seine Gemahlin, die Königin, die Tochter eines Königs, die würdigste, edelste und liebreichste, genieße bis in Ihr spätestes, grauestes und ruhmvollestes Alter, einer ununterbrochenen Freude, und erhöhe den Glanz des Kayserlichen Königlichen Thrones auf das stärkste und mächtigste!

# Gebet des Frankfurter Oberrabbiners zur Kaiserkrönung Leopolds II.

Über Jahrhunderte hinweg war der Kaiser des Heiligen Römischen Reiches der oberste Schutzherr der Juden Frankfurts. Die Juden wandten sich oft an ihn und seine Gerichte, um Recht zu erhalten.

Dieses besondere Verhältnis kam auch in symbolischen Gesten und Feiern zum Ausdruck. Anlässlich der Krönung von Leopold II. wurde zum Beispiel die Synagoge festlich illuminiert und der Oberrabbiner verlas ein selbstverfasstes Gebet: „Lasst uns anstimmen ein Freudenlied, an dem Tage unserer Lust und Wonne [...] Es lebe Unser Herr, der Kayser und König Leopold II.“

Der hebräische Text ist kunstvoll komponiert, so dass die Anfangsbuchstaben der Gebetszeilen den Namen Leopoldus ergeben.

### Feiern in der Synagoge

Die Feierlichkeiten rund um Wahl und Krönung des Kaisers wurden auch in der Judengasse tagelang begangen. Ein Militärarzt aus Kursachsen beschreibt in seinem Tagebuch 1790 den Gottesdienst in der Synagoge und die Feierlichkeiten in der Judengasse anlässlich der Krönung: „Und die gantze Judenschafft hatten ihre große Synagogen mit vielen Wachslichtern erleuchtet, mit Sammdt- und goldenen Tapeten ausgeschmückt, schöne Musice und unter sich viele Tractamente gegeben. Da bin ich auch dabey geweßen und habe guten ungarischen Wein getruncken. Auch sind viele arme Juden denselbigen Abendt gespeißt worden, und hatten die gantze Nacht Freyheit in ihren Ringmauern. Wein und Bier war frey und die gantze Nacht wurde gespielt.“

# Steinernes Haus

Das Steinerne Haus entstand erst nach dem Brand der Judengasse 1711. Zuvor stand auf dem Grundstück seit Einrichtung der Judengasse ein Ritualbad, eine Mikwe. Über der Mikwe wurde ein Gemeindehaus errichtet, das als Tanzhaus für Hochzeitsfeiern und Feste genutzt wurde. Auch Wohnungen für Gemeindebedienstete waren hier untergebracht.

1610 wurde ein Teil abgetrennt und mit dem Haus Warmes Bad bebaut. Das Tanzhaus war aber mit einer Fassade von ca. 10 Metern immer noch sehr stattlich. Beim großen Brand von 1711 wurde auch das Tanzhaus zerstört. Das Grundstück wurde nun privat genutzt. Das neue Haus war – neben der Synagoge – das einzige Gebäude in der Gasse, das aus Stein gebaut war. Hier wohnte die einflussreiche Familie Wertheimer-Kann.

Die Stadt erwarb Ende des 19. Jahrhunderts das Gebäude, das 1887 mit dem Rest der Häuserzeile abgerissen wurde, obwohl es Bemühungen gab, dieses Barockpalais zu erhalten.

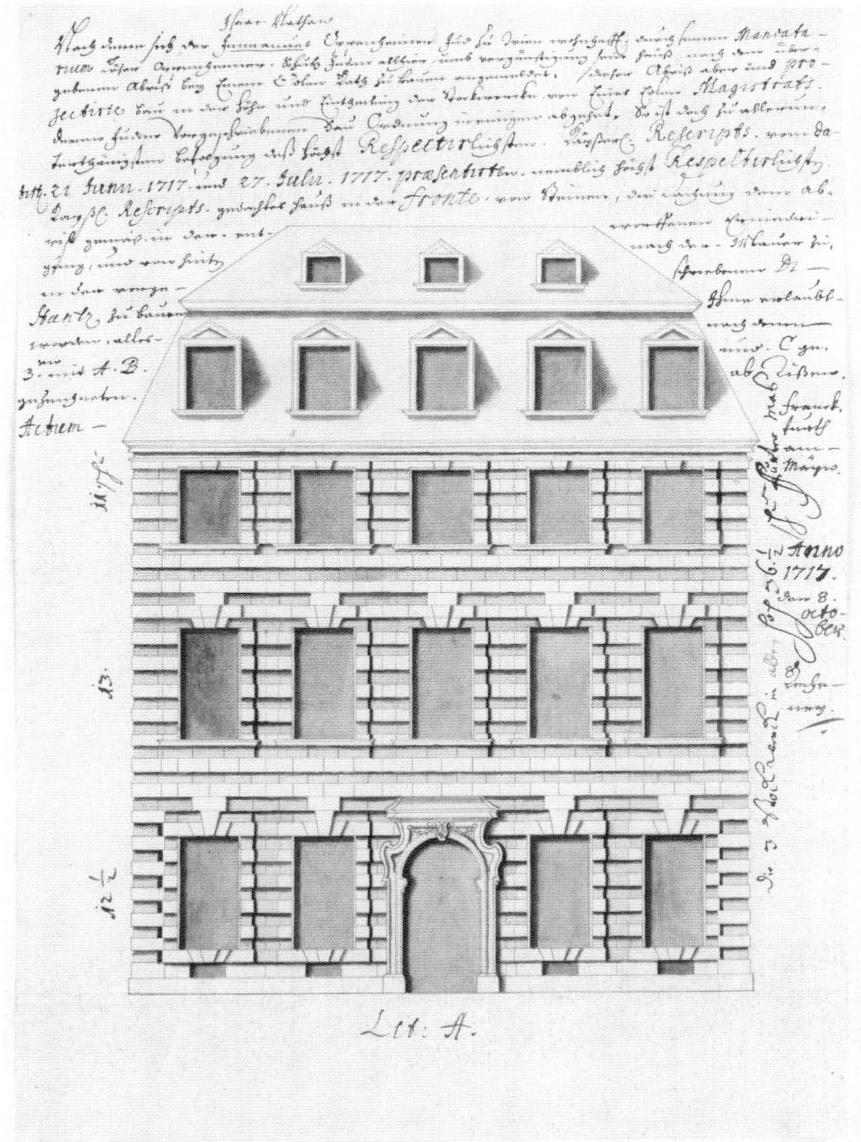


**Fassadenentwurf des Steinernen Hauses**
Frankfurt am Main, 1717, Papier
Historisches Museum Frankfurt

Die Ausgrabungen von 1987 brachten zwei Mikwen zu Tage. Die erste Mikwe stammt aus dem Jahr der Einrichtung der Judengasse 1462. Sie wurde umgebaut, als ein Teil des Gebäudes abgetrennt wurde, war aber bis zum Jahr 1711 in Benutzung. Mit dem großen Umbau nach dem Brand und der Errichtung eines steinernen Hauses wurde die alte Mikwe zugeschüttet und ein mächtiger Stützpfeiler eingezogen.

Auf der anderen Seite des Kellers wurde eine neue Mikwe eingerichtet, die vier Meter in die Tiefe führte. Wahrscheinlich wurde sie hauptsächlich als Privatmikwe genutzt, konnte aber auch durch eine Hintertür vom Gang an der Mauer her betreten werden.

Mikwen gehören zur Grundausstattung jeder jüdischen Gemeinde. Der Besuch der Mikwe dient der rituellen Reinigung. Die Mikwe muss aus fließendem Wasser gespeist sein, aus Grund-, Quell- oder Regenwasser. Das Wasser wurde meist nicht gewärmt, daher der Name „Kaltes Bad", der in alten Quellen häufig anzutreffen ist. Ein Bad zur hygienischen Reinigung ging und geht dem Mikwebesuch voraus. Die Besucher müssen dreimal untertauchen. Eine Badefrau oder ein Badewärter assistiert dabei und prüft, ob der Körper vollständig mit Wasser bedeckt ist.

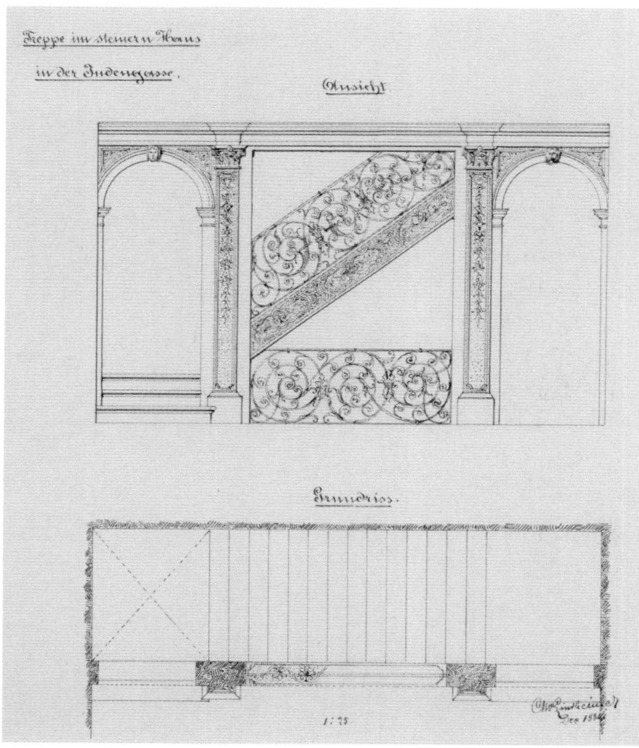


**Treppe und Geländer im Steinernen Haus**
Otto Lindheimer (1842–1894)
Frankfurt am Main, 1884, Papier
Historisches Museum Frankfurt

## Hausansichten

Das Steinerne Haus wurde 1717 von dem kaiserlichen Hoffaktor Samson Wertheimer und seinem Stiefsohn Isaak Nathan Oppenheimer erbaut. Mit einer barock gestalteten Fassade und einer Breite von zehn Metern war es eines der eindrucksvollsten Gebäude der Judengasse. Neben der Synagoge war es das einzige Haus, das aus Stein gebaut war. Es umschloss einen kleinen Innenhof. Die Quergliederung der Fassade ist nicht nur für die Judengasse untypisch, sondern auch für Frankfurter Palaisbauten. Wahrscheinlich ist es der Entwurf eines Wiener Architekten. In dem Grundriss aus den Bauzeichnungen von 1711 sind alle Zimmer und die Küche samt Kammer um einen zentralen Lichthof angeordnet. Auch diese Anordnung findet man in Frankfurt sonst nicht. Das repräsentative Treppenhaus führte über mehrere Geschosse und war mit Stukkaturen und einem schmiedeeisernen Geländer sehr prachtvoll ausgestattet. Die Zeichnung entstand kurz vor dem Abriss des Hauses. Das Geländer wurde ausgebaut und im Historischen Museum aufbewahrt. Daher kann es heute im Museum Judengasse gezeigt werden. Auch die Decken der Räume waren mit Stuck verziert. Das Steinerne Haus bildete damit keine Ausnahme in der Judengasse. Nach schriftlichen Quellen gab es kunstvoll geschnitzte Treppenaufgänge, verzierte Türen und bemalte Tapeten.

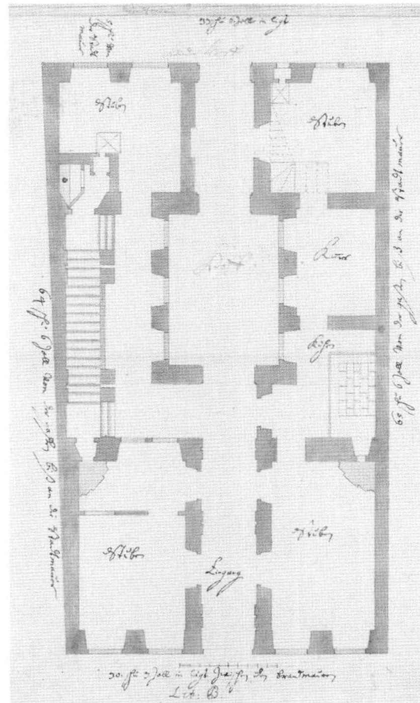

**Grundriss des Steinernen Hauses**
Frankfurt am Main, 1717, Papier
Historisches Museum Frankfurt

# Warmes Bad

Das Haus zum Warmen Bad gehörte mit einer Breite von 6,80 Metern zu den größeren Häusern der Judengasse. 1610 kaufte Aaron zum fröhlichen Mann das Baurecht von der Jüdischen Gemeinde. Das Haus, das er errichten wollte, erhielt den Namen Warmes Bad.

Der Name leitet sich wohl daher ab, dass sich auf dem Nachbargrundstück ursprünglich die öffentliche Mikwe, das Ritualbad, befand. Dieses Bad wurde aus ungeheiztem Grundwasser gespeist. Wahrscheinlich gab es hier, im Haus Warmes Bad, ursprünglich einen Baderaum, in dem sich die Besucher in warmem Wasser reinigen konnten, bevor sie die Mikwe benutzten, auch wenn archivalische Quellen dies nicht belegen.

1863 wurde das Gebäude in städtischen Besitz übernommen und später abgerissen.

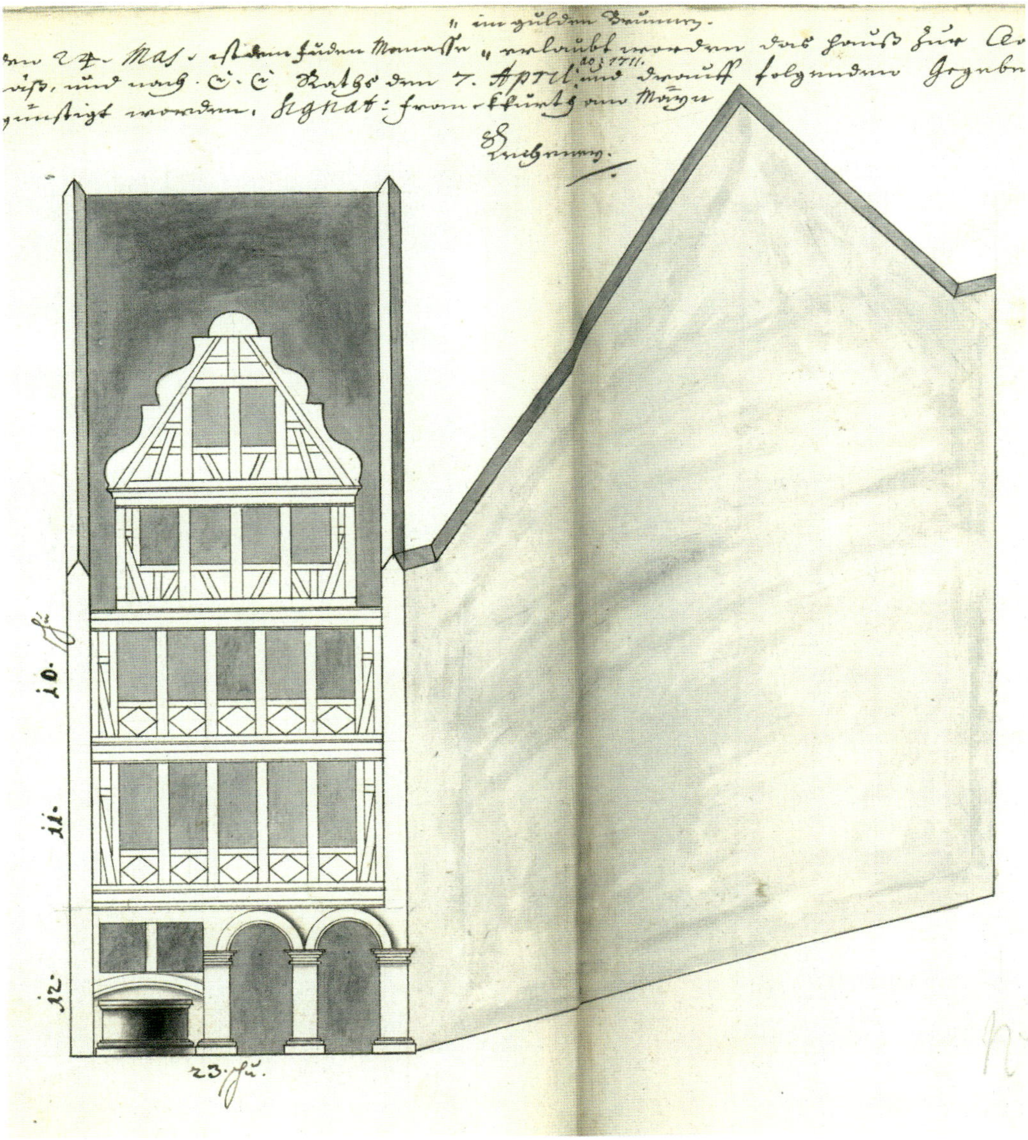

**Aufriss des Hauses Warmes Bad**
Frankfurt am Main, 1712, Papier
Institut für Stadtgeschichte, Frankfurt am Main

## Die Klause

Seit 1685 befand sich hier eine Klause. Das ist ein religiöses Lehrhaus, in dem Studenten unter der Leitung des Rabbiners den Talmud studieren. Der Rabbiner wohnte hier auch mit seiner Familie und dem Gesinde.

Die zur Klause gehörende Synagoge beschreibt der christliche Theologe Johann Jacob Schudt: Sie hatte ein erhabenes Vorlesepult in der Mitte des Raumes, das von einem hölzernen Gitter umgeben war. Ringsherum befanden sich Bänke und Stühle; große Leuchter hingen von der Decke. Es gab einen abgetrennten Raum für Frauen. Im Tora-Schrein befanden sich nach Schudts Angaben im Jahr 1716 drei Tora-Rollen. Tora-Rollen waren sehr teuer. Dass die Synagoge bei Schudts Besuch nach dem Brand von 1711 schon wieder fertig eingerichtet war und drei Rollen besaß, zeugt von der großen Spendenbereitschaft und dem Stellenwert, den dieses Gotteshaus in der Judengasse innehatte.

Klausen wurden oft durch wohltätige Stiftungen unterhalten. Die Frankfurter Klause hatte Manasse Darmstädter (gest. 1684) gestiftet. Darmstädter war Kaufmann am Hof des Landgrafen von Hessen-Darmstadt, finanzierte den Hof und stattete ihn mit Luxuswaren aus. Durch diese Verbindung waren die Klaus-Rabbiner später immer auch Landesrabbiner von Hessen-Darmstadt.

## Samuel Schotten (1644 – 1719)

Samuel ben Josef HaKohen Schotten kam 1682 nach Frankfurt und wirkte als erster Klaus-Rabbiner und Landesrabbiner für die Juden von Hessen-Darmstadt. Er galt als brillanter Talmud-Kenner, war aber auch in weltlichen Fächern gebildet, unter anderem in Astronomie und Naturwissenschaften, Geometrie und Philosophie.

Der Brand der Judengasse 1711 zerstörte nicht nur die Häuser und das Hab und Gut der Bewohner. Er veränderte ihr Leben. Schotten und andere Rabbiner interpretierten den Brand als Strafe Gottes für die Sünden der Juden, wie es das von Schotten verfasste Bußgebet ausdrückt (zeitgenössische Übersetzung nach J. J. Schudt):

„Unser Gott und Gott unserer Väter
Meine Seele ist zerronnen von Traurigkeit, da das Feuer zu brennen angefangen von oben und unten, wegen unserer großen Sünden sind unsre Schulen auch ergriffen worden; ist uns auch unser Lehr-Haus nicht überblieben, es hat uns Schrecken ergriffen wegen der Böswichter, die dein Gesetz verlassen haben […].“

Schotten förderte das fromme Leben in der Judengasse. Theateraufführungen waren ebenso verboten wie Luxus bei Kleidern und Festen, weil dies einem gottgefälligen Leben widerspräche.

## Hausansichten

Nur wenige historische Ansichten des Warmen Bades sind überliefert. Der auf S. 211 abgebildete Bauantrag, der im Stadtarchiv aufbewahrt wird, stammt aus dem Jahr 1712, dem Jahr nach dem großen Brand der Judengasse 1711.

Auffällig sind der in die Fassade eingelassene Brunnen sowie der verzierte Giebel des Zwerchhauses. Daran erkennt man das Warme Bad auch noch auf späteren Fotografien.

**Ausgrabung am Börneplatz 1987**
Andreas Pohlmann
Frankfurt am Main, 1987, Fotografie
Archäologisches Museum Frankfurt

# Sperber

Wie viele Häuser der Judengasse ist der Sperber sehr schmal. Er ist ein typisches Gebäude für die zahlreichen armen Bewohner der Judengasse.

Das Haus zum Sperber entstand um 1570 durch Abtrennung vom Haus Widder. Das Recht, in Frankfurt in der Judengasse zu leben, war an die Erteilung der „Stättigkeit" gebunden. Diese bekam man aber nur zugesprochen, wenn man den Besitz eines Hauses nachweisen konnte, wobei auch Teilbesitz möglich war. Daher stieg die Zahl der Häuser, ohne dass die Zahl der Grundstücke gewachsen wäre. Immer wieder wurde der Sperber umgebaut und erweitert. Über die Jahre entstanden Dachaufbauten, ein Toilettenhäuschen über dem Kanal und ein Hinterhaus. 1647 wurde eine Laubhütte gebaut, in der die Bewohner im Herbst das Laubhüttenfest feierten.

Nach dem Brand von 1711 wurde ein gemeinsamer Bauplan für die Häuser Sperber und Roter Widder eingereicht, die dann unter einem Dach errichtet wurden. Ende des 19. Jahrhunderts erwarb die Stadt die Häuser der Judengasse, um sie abbrechen zu lassen. Auch die Häuser Sperber und Roter Widder wurden abgerissen.

## Rundgang in der Judengasse – Kontrolle und Bürokratie

Die Bewohner der Judengasse wurden von den städtischen Beamten überwacht. Kurzfristige Besucher waren geduldet, mussten aber für den Aufenthalt bezahlen. So reiste die Kauffrau Rachel 1622 mit ihren vier Kindern von Hannover nach Frankfurt zur Messe und wohnte in dieser Zeit bei ihrem Schwager Nathan zum Sperber. Für diesen Aufenthalt musste sie vier Reichstaler bezahlen.

Alle paar Jahre besuchten Beamte des städtischen Rates die Judengasse. Sie erstellten sogenannte Visitationslisten, worin sie die Mitglieder der Haushalte erfassten, gegliedert nach Männern, Frauen, Kindern, Mägden, Knechten und Fremden. Sie hielten auch die Berufe der Bewohner fest.

Diese Listen sollten helfen, einen Überblick über die Bewohnerzahlen zu gewinnen. Sie wurden auch dazu benutzt, das Steueraufkommen festzusetzen, das die Gemeinde als Ganzes an die Stadt abführen musste. Es war die Aufgabe der Leiter der Gemeinde, die als Baumeister bezeichnet wurden, diese Gesamtsumme der Steuern auf die einzelnen Mitglieder zu verteilen. Daher waren auch die Baumeister bei den Visitationen anwesend. Die Angaben auf der Liste erfolgten nach Augenschein und nach den mündlichen Aussagen der Bewohner. Sie sind recht uneinheitlich: Namen sind nur unregelmäßig genannt, die Berufsbezeichnungen sind oft vage.

Im Jahr 1694 wurde wieder eine solche Visitation vorgenommen. In der Liste werden die Bewohner der zwei Haushalte im Haus Sperber aufgeführt. Hier wohnte einmal die Witwe Rösel mit ihrem 24-jährigen Sohn Liebmann. Sie handelten mit alten Kleidern. Den zweiten Haushalt bildete eine Witwe ohne Arbeit, die mehrere Untermieter hatte: eine Frau mit Sohn sowie ein verarmtes Ehepaar. In dem schmalen Haus wohnten also vier Mietparteien. Alle lebten vom Kleinhandel oder waren auf Almosen angewiesen.

Für das Jahr 1709 ist eine weitere Visitationsliste überliefert. Danach hatten sich die wirtschaftlichen Verhältnisse der Bewohner noch verschlechtert. Insgesamt lebten 13 Personen in dem kleinen Haus. Rösel betrieb immer noch Altkleiderhandel mit ihrem Sohn. Auch dessen Frau und seine drei Töchter sowie ein aufgenommenes Waisenkind wohnten nun im Sperber. Des Weiteren lebten ein Ehepaar mit einem Sohn und eine Witwe mit zwei Töchtern im Haus.

**Küche auf einem Treppenabsatz**
Otto Lindheimer (1842–1894)
Frankfurt am Main, 1884, Papier
Historisches Museum Frankfurt

## Die Architektur der Judengasse

Neben den Visitationslisten, die die Bewohner der Judengasse auflisten, gibt es im Stadtarchiv mehrere Akten zu den Häusern der Judengasse. Bauanträge für Neubauten, Hausteilungen oder Anbauten wurden im „Judenbaubuch" gesammelt und sind eine wichtige Quelle für die Architektur der Häuser. Sie sind umso wichtiger, als andere bildliche Darstellungen fehlen. Erst nach der Öffnung der Judengasse 1811 gibt es Gemälde und Grafiken; Fotografien vom Ende des 19. Jahrhunderts zeigen die Judengasse schon stark verfallen und vermitteln daher keinen Eindruck von ihrem ursprünglichen Aussehen.

Die Häuser, die nach dem Brand 1711 gebaut wurden, waren alle in Fachwerkbauweise errichtet, nur die Keller und Erdgeschosse waren aus rot bemaltem Stein. Das Fachwerk zeichnete sich dabei durch Schmuck und abwechslungsreiche Gestaltung aus. Carl Theodor Reiffenstein, ein Frankfurter Architektur- und Landschaftsmaler, der die Judengasse Ende des 19. Jahrhunderts beschrieb, erkannte hier ein „Streben nach Schönheit", einen „reinen und vollendeten Geschmack".

Die Häuser standen mit der Schmalseite zur Gasse. Im Inneren waren die meisten ähnlich aufgebaut: Im Erdgeschoss befand sich ein Raum, der als Warenlager und Verkaufsraum diente. Dessen Fenster hatten zur Straße hin hölzerne Klappen, die sich nach oben öffneten. Sie waren „Schaufenster" und Verkaufstresen in einem. Die Haustür führte direkt in dieses Zimmer. Bisweilen führte ein schmaler Gang an dem Verkaufsraum vorbei.

Bei allen Häusern gab es im Inneren des Hauses einen Raum, der Treppenhaus und Küche zugleich war. Dieser Raum hatte kaum Tageslicht und wurde nur durch Oberlichter aus den angrenzenden Räumen erleuchtet. Das zentrale Treppenhaus erschloss drei Etagen bis zum Dach. Der Treppenabsatz wurde auf jeder Etage als Kochstelle genutzt, da die Häuser ja von mehreren Familien bewohnt wurden. Nach vorne und hinten gab es je ein Zimmer.

Die Dachgeschosse waren mit Gauben und sogenannten Zwerchhäusern so ausgebaut, dass auch hier noch Wohnraum bestand. Sie wurden auch zum Lagern von Waren oder als Verkaufsräume genutzt.

Da die Wohnverhältnisse sehr beengt waren, kam es vor, dass eine Familie einzelne Räume in einem Haus kaufte, die nicht notwendig nebeneinander lagen oder sich nicht im selben Haus befanden. Bisweilen verbanden Wanddurchbrüche die Zimmer zweier Häuser miteinander.

Zwischen Vorder- und Hinterhaus befand sich ein Hof, der oft unterkellert war. Dort wurden Waren und Vorräte gelagert. Die Häuser der Ostseite hatten ihren Hof meist direkt zum Kanal hin, wie hier in den Ausgrabungen im Museum zu sehen ist.

## Die Einrichtung

Die Innenausstattung der Häuser ist fast nur in schriftlichen, kaum in bildlichen Quellen überliefert. Demnach waren die Häuser mit geschnitzten Treppengeländern, verzierten Türen und auch Stuck an den Decken geschmückt. Von Tapeten mit Mustern und von farbig bemalten Holzverkleidungen wird ebenfalls berichtet. Barocke Schränke und Betten, die üppig mit Stoffen verziert waren, werden beschrieben, ebenso Wandmalereien oder Gemälde.

Die Häuser ärmerer Bewohner waren einfacher ausgestattet, dennoch gab es auch hier Drucke und Bilder an den Wänden und polierte Messingleuchter an den Decken. Die Möbel waren schlichter, meist aus grün gestrichenem Tannenholz. Neben Schränken und Betten gab es Truhen und Kästen in allen Größen und Ausführungen.

**Stuckdecke aus einem Haus der Judengasse**
Otto Lindheimer (1842 – 1894)
Frankfurt am Main, 1884, Papier
Historisches Museum Frankfurt

# Roter Widder

Das Haus zum Roten Widder entstand 1590. Die drei Eigentümer des Hauses Widder teilten ihr Haus in zwei Teile und nannten den neuen Teil Roter Widder. Das neue Gebäude war sehr schmal, noch nicht einmal 3 Meter breit, und 12,5 Meter lang. Dennoch wohnten auf den drei Etagen und im Dachgeschoss im Jahr 1709 vier Haushalte mit 20 Personen.

Nach dem Brand von 1711 wurde der Rote Widder zusammen mit dem Nachbarhaus auf der anderen Seite, dem Sperber, wiedererrichtet. 1860 wurde das Haus von der Stadt gekauft und später abgerissen.

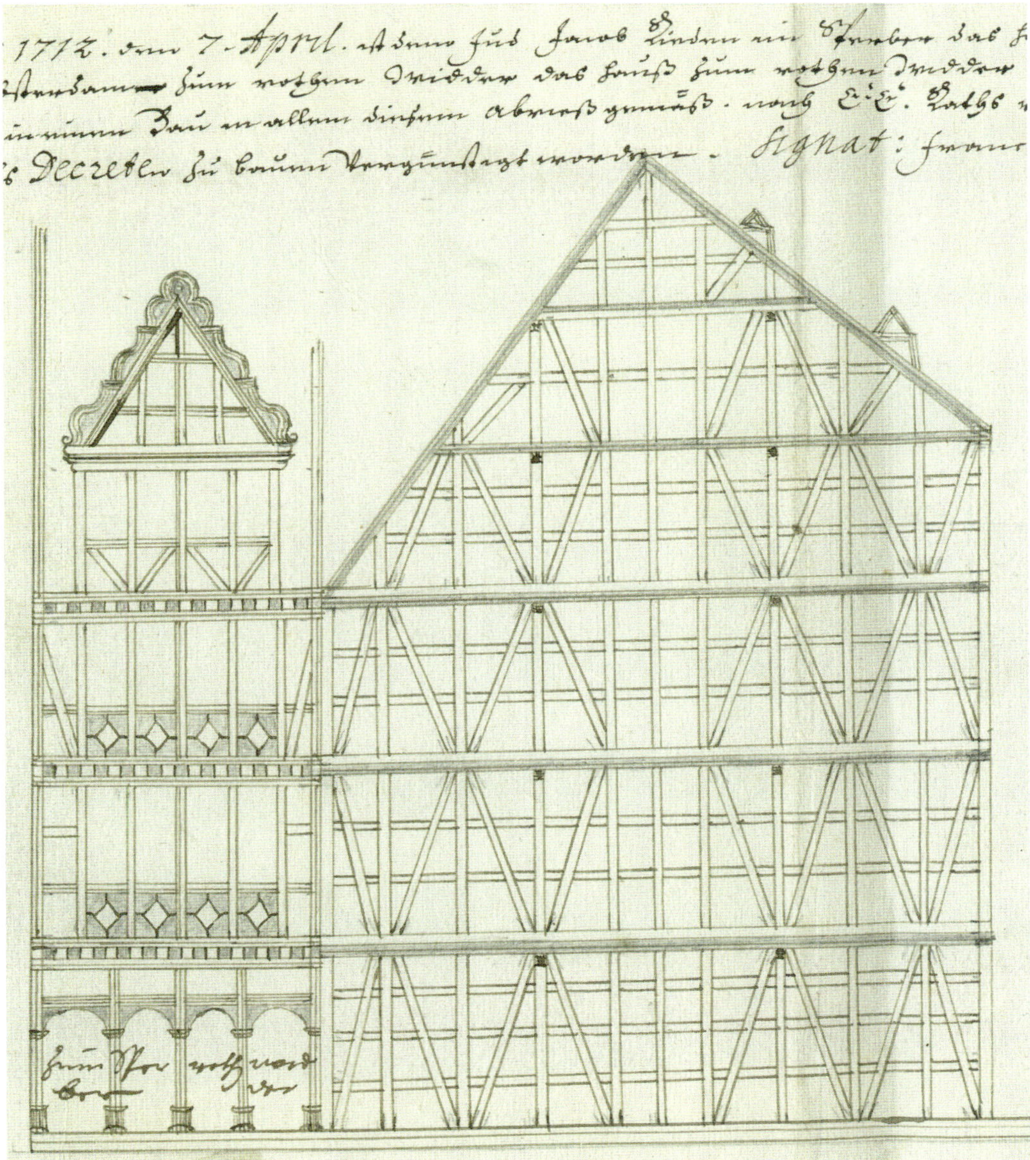

**Aufriss der Häuser Sperber und Roter Widder**
Frankfurt am Main, 1721, Papier
Institut für Stadtgeschichte, Frankfurt am Main

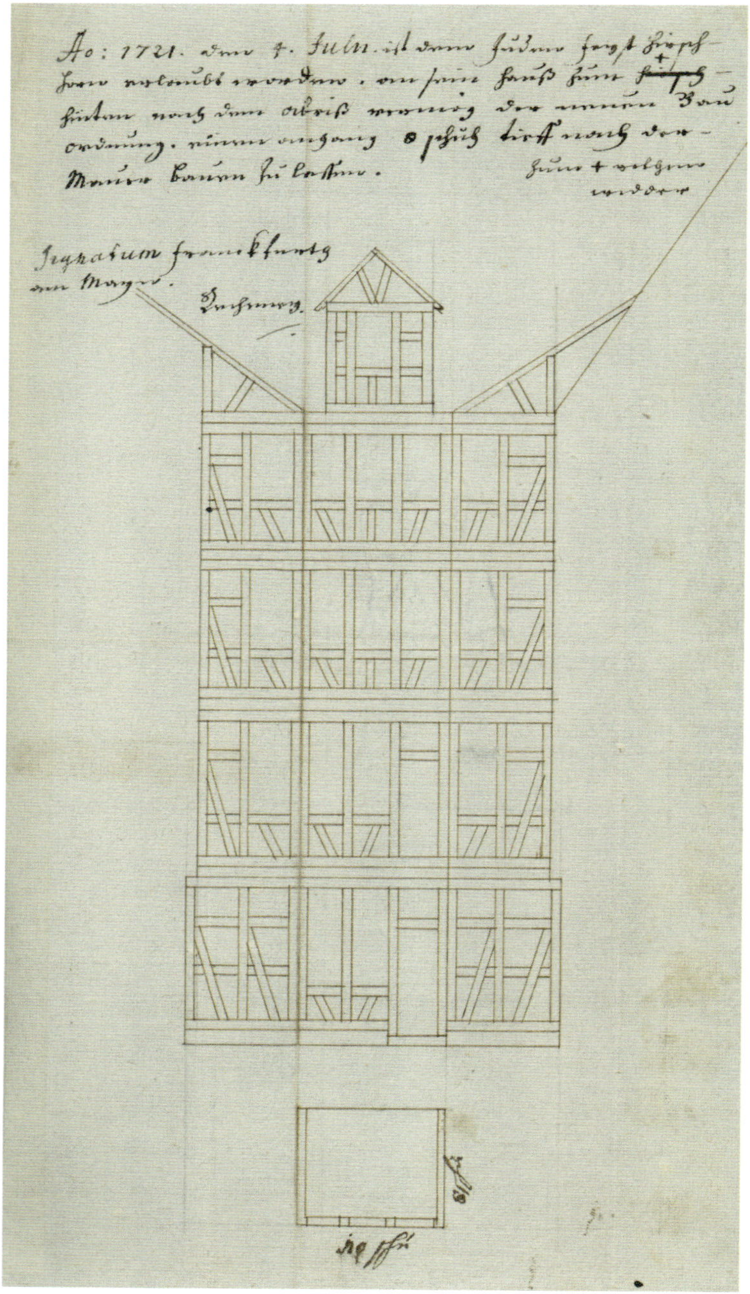

**Das Hinterhäuschen des Roten Widder**
Frankfurt am Main, 1721, Papier
Institut für Stadtgeschichte, Frankfurt am Main

## Verbrechen und Strafe – Moses und Herz Hirschhorn zum Roten Widder

Das Protokollbuch der jüdischen Gemeinde, aber auch Akten im Stadtarchiv überliefern nicht wenige Namen von Bewohnern des Roten Widder. Die Einträge verweisen auf die besonderen Regeln, unter denen die Juden in der Judengasse lebten. So wird Beifus zum Roten Widder 1623 wegen einer Geldstrafe in den Akten erwähnt. Diese musste er zahlen, weil er Fisch in der Judengasse und nicht auf dem Fischmarkt gekauft hatte.

Dicke Akten überliefern die Taten von Moses (um 1691–1766) und Herz Hirschhorn (gest. 1789) zum Roten Widder. Die beiden, Vater und Sohn, schlugen sich als Falschspieler und Betrüger durch und tauchen immer wieder als Unruhestifter in den Akten auf.

1741 spielten Moses und sein Sohn Herz mit Josemann Kaume Karten, was nach der jüdischen Gemeindeordnung verboten war. Zudem hatten sie falsch gespielt und Josemann betrogen, der sie daraufhin am jüdischen Gericht verklagte.

Als Strafe für das Falschspiel wurde Moses Hirschhorn mit dem Synagogenbann belegt. Der Bann, der in verschiedenen Ausprägungen verhängt werden konnte, bestand in sozialer und religiöser Ausgrenzung bis hin zur Ausweisung aus der Gemeinde: Moses durfte nun für zehn Jahre keine Festtagskleidung anlegen und nicht in die große Synagoge gehen. Beim Gottesdienst in einer der kleinen Synagogen, wie der im Warmen Bad, durfte er keinen Sitz mieten und musste mit einem Stehplatz am Rande vorliebnehmen. Er war von öffentlichen Ämtern und gelehrten Studien ebenso ausgeschlossen wie von gemeinsamen Mahlzeiten.

Herz, der noch ein Kind war, wurde „für alle Zeiten" von der Stättigkeit, also dem Wohnrecht in der Judengasse, ausgeschlossen. Unter Umgehung der eigentlich zuständigen jüdischen Behörden wandte sich Herz 1752 an die Stadt und bat um die Stättigkeit. Obwohl die jüdische Gemeinde dagegen war und Briefe und Petitionen an die Stadt schickte, wurde ihm 1755 tatsächlich das Wohnrecht gewährt. Im Roten Widder setzte Herz Hirschhorn danach seine kriminelle Karriere fort und wurde wegen Wechselfälschung und anderer Betrügereien mehrfach angezeigt.

Die Häuser Roter Widder und Sperber wurden nach dem Brand von 1711 als Doppelhaus errichtet. Zehn Jahre später folgte ein Hinterhaus, das den engen Hof bebaute.

# Weißer Widder

Das Haus Widder ist eines der älteren Häuser der Judengasse. Es wurde 1513 für Isaak und Meier Epstein mit einer Fassadenbreite von über 6 Metern gebaut.

Immer wieder wurden Umbauten und Anbauten vorgenommen, so 1573 „ein Stüblein hinten im Graben", womit eine Sukka für das Laubhüttenfest oder ein Sommerhäuschen im Hof gemeint ist. Zweimal wurde das Haus geteilt. 1570 trennte man das Haus Sperber ab, 1590 unterteilte man das verbliebene Haus nochmals in zwei schmale Häuser, den Weißen und den Roten Widder.

Durch den Brand der Judengasse von 1711 wurde auch der Weiße Widder zerstört. Unterlagen über den Neubau sind nicht vorhanden. 1882 wurde der Weiße Widder von der Stadt gekauft und wenig später abgerissen.

## Wachstum der Bevölkerung

Die Unterteilungen und Umbauten des Hauses Widder sollten der wachsenden Bevölkerung gerecht zu werden. Aus einem Haus für eine Familie im Jahr 1510 wurden innerhalb von 200 Jahren drei Häuser mit mindestens 47 Bewohnern.

Die Baugeschichte des Hauses zum Weißen Widder ist typisch für die Gesamtentwicklung der Judengasse, in die immer mehr Menschen zogen. Insbesondere im 16. Jahrhundert kam es zu einem starken Anstieg. Um das Jahr 1500 lebten in der gesamten Judengasse etwa 22 Familien mit insgesamt 150 Personen. Meist bewohnte ein Haushalt ein Haus für sich. Schon im Jahr 1530 lebten über 300 Menschen in der Gasse; diese verteilten sich auf nur 32 Häuser. Damit lebten nun zwei oder drei Haushalte in jedem Haus.

Zum Ende des 16. Jahrhunderts nahmen dann die Bevölkerung und die Häuserdichte nochmals stark zu: 1600 gab es 171 Häuser, in denen 434 Haushalte lebten, das sind etwa 2700 Personen.

Diese Zahlen sind im städtischen Archiv überliefert. Denn die Häuser wurden zwar auf Kosten der Hausherren errichtet; Grundstück und Haus blieben aber formal im Besitz der Stadt. Jährlich musste eine Abgabe, der Hauszins, entrichtet werden. Darüber wurden Listen geführt, ebenso wie über die Inhaber der Stättigkeit, des Wohnrechts.

Das Wachstum der Bevölkerung und der Bauboom in der Gasse verliefen nicht kontinuierlich. Meist wuchs die Bewohnerzahl in Sprüngen, nach Klagen über Überfüllung reagierte die Stadt mit neuen Baugenehmigungen. So gab es Phasen der Stagnation und Phasen großer Bautätigkeit, vor allem ab 1550. Da der städtische Rat das zugewiesene Gebiet der Judengasse nicht erweiterte, wurde die Gasse immer dichter bebaut, Hinterhäuser entstanden, die Häuser selbst wurden höher, schmaler und mit mehrgeschossigen Dachaufbauten versehen.

Das Bevölkerungswachstum hatte verschiedene Gründe. Die Lebensbedingungen in der Judengasse waren zwar in vielen Bereichen beschnitten, andererseits gab es doch Rechtssicherheit für die Bewohner. Innerhalb der Judengasse war die Gemeinde autonom, hier konnte ein Leben nach den Regeln der jüdischen Tradition geführt werden. Und mit der wachsenden Bedeutung der Messe war Frankfurt auch als Handelsstadt ein Anziehungspunkt mit wirtschaftlichem Potential.

Die Stadt war nicht nur für jüdische Zuwanderer attraktiv; auch christliche Glaubensflüchtlinge, wie Calvinisten aus England oder lutherische Niederländer aus Antwerpen, wanderten in großer Zahl in die Stadt ein. Von 1550 bis 1600 verdoppelte sich die Gesamtbevölkerung Frankfurts auf 22 000 Menschen. Davon waren über zehn Prozent Juden.

## Ansichten

Auf der Fotografie um 1880 ist die Westseite der Judengasse schon abgerissen. Der Rest ist teilweise unbewohnt und verfallen. Am linken Bildrand ist die 1860 eingeweihte Hauptsynagoge zu erkennen. Rechts sind die Häuser Weißer Widder, Roter Widder und Sperber erkennbar. Es schließt sich das viel breitere Steinerne Haus an, danach das Haus Warmes Bad. Die Fundamente dieser Häuser sind im Museum Judengasse zu besichtigen. Bei der Freilegung 1987 sind noch mehr Fundamente gefunden, aber nicht bewahrt worden. Sie wurden mit Baggern abgetragen.

**Ostzeile der Judengasse**
Carl Friedrich Mylius (1827–1916)
Frankfurt am Main, um 1880, Fotografie
Historisches Museum Frankfurt

**Ausgrabungsgelände von Süden**
Klaus Malorny (geb. 1935)
Frankfurt am Main, 1987, Fotografie

## Ausgewählte Literatur


Dietrich Andernacht, Regesten zur Geschichte der Juden in der Reichsstadt Frankfurt am Main 1401–1519, 4 Bde. (Forschungen zur Geschichte der Juden B 1,1–4), Hannover 1996

Dietrich Andernacht, Regesten zur Geschichte der Juden in der Reichsstadt Frankfurt am Main von 1520–1616, 2 Bde. (Forschungen zur Geschichte der Juden B 2,1–2), Hannover 2007

Dietrich Andernacht, Michael Lenarz, Inge Schlotzhauer, Frankfurt am Main, in: Germania Judaica, Bd. 3,1, hg. von Arye Maimon in Zusammenarbeit mit Yacov Guggenheim, Tübingen 1987, S. 346–393

Paul Arnsberg, Die Geschichte der Frankfurter Juden seit der Französischen Revolution, 3 Bde., Darmstadt 1983

Fritz Backhaus, Die Einrichtung eines Ghettos für die Frankfurter Juden im Jahre 1462, in: Hessisches Jahrbuch für Landesgeschichte 39, 1989, S. 59–86

Fritz Backhaus (Hg.), „Und groß war bei der Tochter Jehudas Jammer und Klage ...". Die Ermordung der Frankfurter Juden 1241 (Schriftenreihe des Jüdischen Museums Frankfurt am Main 1), Sigmaringen 1995

Fritz Backhaus, „Im Heckhuß die Lahmen, Blinden und Hungerleider ..." Die sozialen Institutionen in der Frankfurter Judengasse, in: Stefi Jersch-Wenzel (Hg.), Juden und Armut in Mittel- und Osteuropa, Köln u. a. 2000, S. 31–54

Fritz Backhaus, „Daß die Begünstigung der Juden und Bluthunde so groß sei ..." Juden und Patriziat im alten Frankfurt, in: Archiv für Frankfurts Geschichte und Kunst 68, 2002, S. 125–150

Fritz Backhaus, Mayer Amschel Rothschild. Ein biografisches Porträt, Freiburg im Breisgau 2012

Fritz Backhaus, Gisela Engel, Gundula Grebner, Robert Liberles (Hg.), Frühneuzeitliche Ghettos in Europa im Vergleich (Frankfurter Kulturwissenschaftliche Beiträge 15), Berlin 2012

Fritz Backhaus, Gisela Engel, Robert Liberles, Margarete Schlüter (Hg.), Die Frankfurter Judengasse. Jüdisches Leben in der frühen Neuzeit, 2. Aufl., Frankfurt am Main 2006

Michael Best (Hg.), Der Frankfurter Börneplatz. Zur Archäologie eines politischen Konflikts, Frankfurt am Main 1988

Mordechai Breuer, Michael Graetz (Hg.), Deutsch-Jüdische Geschichte der Neuzeit. Bd. 1: Tradition und Aufklärung 1600–1780, München 1996

Michael Brocke, Der alte jüdische Friedhof zu Frankfurt am Main. Unbekannte Denkmäler und Inschriften, Sigmaringen 1996

Evelyn Brockhoff, Jan Gerchow, Raphael Gross, August Heuser (Hg.), Die Kaisermacher. Frankfurt am Main und die Goldene Bulle 1356–1806, Frankfurt am Main 2006

Thorsten Burger, Frankfurt am Main als jüdisches Migrationsziel zu Beginn der Frühen Neuzeit. Rechtliche, wirtschaftliche und soziale

Bedingungen für das Leben in der Judengasse (Schriften der Kommission für die Geschichte der Juden in Hessen 28), Wiesbaden 2013

Amos Elon, Der erste Rothschild: Biographie eines Frankfurter Juden, Reinbek 1998

Edward Fram, A Window on their World. The Court Diaries of Rabbi Ḥayyim Gundersheim, Frankfurt am Main, 1773–1794, Cincinnati/ Ohio 2012

Andreas Gotzmann, Jüdische Autonomie in der Frühen Neuzeit (Hamburger Beiträge zur Geschichte der deutschen Juden 32), Göttingen 2008

Gundula Grebner, Die Judensaudarstellung am Frankfurter Brückentor als Schandbild. Funktionen der Bekleidung von Juden im Bild, in: Gisela Engel, Susanne Scholz (Hg.), Kopf- und andere Tücher (Salecina-Beiträge zur Gesellschafts- und Kulturkritik 6), Berlin 2006, S. 87-102

Karl E. Grözinger (Hg.), Jüdische Kultur in Frankfurt am Main von den Anfängen bis zur Gegenwart. Ein internationales Symposium der Johann Wolfgang Goethe-Universität Frankfurt am Main und des Franz Rosenzweig Research Center for German-Jewish Literature and Cultural History Jerusalem (Jüdische Kultur. Studien zur Geistesgeschichte, Religion und Literatur 1), Wiesbaden 1997

Johannes Heil, Vorgeschichte und Hintergründe des Frankfurter Pogroms von 1349, in: Hessisches Jahrbuch für Landesgeschichte 41, 1991, S. 105–149

Georg Heuberger (Hg.), Pracht der Gebote. Die Judaica-Sammlung des Jüdischen Museums Frankfurt am Main, Köln 2006

Marcus Horovitz, Frankfurter Rabbinen. Ein Beitrag zur Geschichte der israelitischen Gemeinde Frankfurt a. M., Hildesheim 1972 (ND)

Jüdisches Museum Frankfurt (Hg.), Stationen des Vergessens. Der Börneplatz-Konflikt, Frankfurt am Main 1992

Marion Kaplan, Geschichte des jüdischen Alltags in Deutschland vom 17. Jahrhundert bis 1945, München 2003

Ernst Karpf, Eine Stadt und ihre Einwanderer. 700 Jahre Migrationsgeschichte in Frankfurt am Main, Frankfurt am Main/New York 2013

Cilli Kasper-Holtkotte, Die jüdische Gemeinde in der Frühen Neuzeit. Familien, Netzwerke und Konflikte eines jüdischen Zentrums, Berlin/New York 2010

Verena Kasper-Marienberg, „vor Euer kayserlichen Mayestät Justiz-thron“. Die Frankfurter jüdische Gemeinde am Reichshofrat in josephinischer Zeit (1765–1790) (Schriften des Centrums für Jüdische Studien 19), Innsbruck/ Wien/Bozen 2012

Verena Kasper-Marienberg, Zwischen Magistrat und Kaiser – rechtliche Handlungsspielräume der Frankfurter Jüdischen Gemeinde am Ende des 18. Jahrhunderts, in: Stefan Ehrenpreis, Andreas Gotzmann, Stephan Wendehorst (Hg.), Kaiser und Reich in der jüdischen Lokalgeschichte, München 2013, S. 263–280

Birgit Klein, Wohltat und Hochverrat. Kurfürst Ernst von Köln, Juda bar Chajjim und die Juden im alten Reich, Hildesheim 2003

Isidor Kracauer, Die Konfiskation der hebräischen Schriften in Frankfurt am Main in den Jahren 1509 und 1510, in: Zeitschrift für die Geschichte der Juden in Deutschland 1, 1887, S. 160 - 176, 230 - 234

Isidor Kracauer, Die Juden Frankfurts im Fettmilch'schen Aufstand 1612 - 1618, in: Zeitschrift für die Geschichte der Juden in Deutschland 4, 1890, S. 127 - 169, 319 - 365, und 5, 1891, S. 1 - 26

Isidor Kracauer, Actenstücke zur Confiskation der hebräischen Schriften in Frankfurt a. M., in: Monatsschrift für Geschichte und Wissenschaft des Judentums N. F. 8, 1900, S. 114 - 126, 167 - 177, 220 - 234

Isidor Kracauer, Die Geschichte der Judengasse in Frankfurt am Main, in: Festschrift der Realschule der israelitischen Gemeinde (Philanthropin), Frankfurt am Main 1904, S. 303 - 463

Isidor Kracauer, Die Kulp-Kannschen Wirren. Ein Beitrag zur Geschichte der jüdischen Gemeinde in Frankfurt a. M. im 18. Jahrhundert, in: Archiv für Frankfurts Geschichte und Kunst 10, 1910, S. 135 - 213

Isidor Kracauer, Urkundenbuch zur Geschichte der Juden in Frankfurt am Main von 1150 - 1400, 2 Bde., Frankfurt am Main 1914

Isidor Kracauer, Geschichte der Juden in Frankfurt a. M. (1150 - 1824), 2 Bde., Frankfurt am Main 1925 - 1927

David H. Price, Johannes Reuchlin and the Campaign to Destroy Jewish Books, Oxford 2011

Hans-Otto Schembs, Der Börneplatz in Frankfurt am Main. Ein Spiegelbild jüdischer Geschichte, Frankfurt am Main 1987

Gabriela Schlick, Frauen in der Judengasse, in: Gisela Engel, Ursula Kern, Heide Wunder (Hg.), Frauen in der Stadt Frankfurt im 18. Jahrhundert, Frankfurt am Main 2002, S. 149 - 160

Rivka Ulmer, Turmoil, Trauma, and Triumph. The Fettmilch Uprising in Frankfurt am Main (1612 - 1616) according to Megillas Vintz. A Critical Edition of the Yiddish and Hebrew Text including an English Translation, Bern/ Frankfurt am Main 2001

Egon Wamers, Markus Grossbach, Die Judengasse in Frankfurt am Main: Ergebnisse der archäologischen Untersuchungen am Börneplatz, Stuttgart 2000

Annette Weber (Hg.), „Außerdem waren sie ja auch Menschen". Goethes Begegnung mit Juden und Judentum (Schriftenreihe des Jüdischen Museums Frankfurt am Main 7), Berlin/Wien 2000

Franz-Josef Ziwes, Studien zur Geschichte der Juden im mittleren Rheingebiet während des hohen und späten Mittelalters (Forschungen zur Geschichte der Juden A 1), Hannover 1995

## Autoren

Fritz Backhaus, Stellvertretender Direktor des Jüdischen Museums Frankfurt. Ausgewählte Veröffentlichungen: Mayer Amschel Rothschild. Ein biografisches Porträt, Freiburg/Basel/Wien 2012; Hg. mit Raphael Gross und Liliane Weissberg, Juden. Geld. Eine Vorstellung, Frankfurt am Main 2013.

Prof. Dr. Raphael Gross, Direktor des Simon-Dubnow-Instituts für jüdische Geschichte und Kultur und Inhaber des Lehrstuhls für Jüdische Geschichte und Kultur an der Universität Leipzig. Von 2006 bis 2015 Direktor des Jüdischen Museums Frankfurt. Ausgewählte Veröffentlichungen: November 1938. Die Katastrophe vor der Katastrophe, München 2013; Anständig geblieben. Nationalsozialistische Moral, Frankfurt am Main 2010.

Dr. Felicitas Heimann-Jelinek, freie Kuratorin mit zahlreichen Ausstellungen und Publikationen zur materiellen jüdischen Gedächtniskultur. Ausgewählte Veröffentlichungen: Hg. mit Cilly Kugelmann, Haut ab! Haltungen zur rituellen Beschneidung, Berlin 2014; Thoughts on the Role of a European Jewish Museums in the 21st Century, in: Richard Cohen, Laurie Fialkoff, Hannah Levinsky-Koevary (Hg.), Visualizing and Exhibiting Jewish Space and History (Studies in Contemporary Jewry 26), Oxford 2012, S. 243–280.

Sabine Kößling, Kuratorin für Geschichte am Jüdischen Museum Frankfurt und Kuratorin und Projektleiterin der neuen Dauerausstellung.

Dr. Mirjam Wenzel, Direktorin des Jüdischen Museums Frankfurt. Ausgewählte Veröffentlichungen: Gericht und Gedächtnis. Der deutschsprachige Holocaust-Diskurs der sechziger Jahre, Göttingen 2009; Von Buchstaben, Träumen und Vorräumen: Die CloseUp Perspektive Kracauers, in: Nicolas Berg, Dieter Burdorf (Hg.), Textgelehrte. Literaturwissenschaft und literarisches Wissen im Umkreis der Kritischen Theorie, Leipzig 2013, S. 91–101.

## Leihgeber

Archäologisches Museum Frankfurt
Historisches Museum Frankfurt
Dr. David und Jemima Jeselsohn
Jewish Historical Society of England
Jewish Museum London
Jüdisches Kulturmuseum
und Synagoge Veitshöchheim
Dr. Michele und Jacob Klein
Dr. Josef Pultuskier
Universitätsbibliothek Johann Christian
Senckenberg, Frankfurt am Main
Prof. Dr. Falk Wiesemann

Für Rat und Unterstützung danken wir:
Shimon Ajnwojner
Elena Appel
Lisa Bestle
bpk - Bildagentur für Kunst, Kultur und
Geschichte, Berlin
Bundesarchiv-Filmarchiv, Berlin
Marnix van Gelderen
Simkhat HaNefesh
Institut für Stadtgeschichte, Frankfurt am Main
Jenny Jung
Klaus und Elke Malorny
Dr. Diana Matut
Simon Neuberg
Dr. Lucia Raspe
Salomon Ludwig Steinheim-Institut für
deutsch-jüdische Geschichte an der
Universität Duisburg-Essen
Tom Tearney

## Bildnachweis

Archäologisches Museum Frankfurt:
102, 110, 132, 170, 213

bpk - Bildagentur für Kunst, Kultur und
Geschichte, Berlin: 57

Historisches Museum Frankfurt:
8, 40, 98, 207, 208, 209, 216, 217, 224

Institut für Stadtgeschichte, Frankfurt am Main:
44/45, 48, 52, 53, 56, 211, 219, 220

Jewish Historical Society/
Jewish Museum London: 174

Jüdisches Kulturmuseum
und Synagoge Veitshöchheim:
146, 152, 154, 156, 158, 160

Jüdisches Museum München: 176

Klaus Malorny: 56, 225

Salomon Ludwig Steinheim-Institut
für deutsch-jüdische Geschichte
an der Universität Duisburg-Essen:
180, 182, 184, 186, 188, 190, 192, 194

Sotheby's, Inc. ©: 118

Universitätsbibliothek Johann Christian
Senckenberg, Frankfurt am Main:
164, 166

Falk Wiesemann:
144, 148, 150

Alle anderen Abbildungen:
Jüdisches Museum Frankfurt

## Beteiligte an der Ausstellung

**Jüdisches Museum Frankfurt**
Direktorin: Mirjam Wenzel
Stellvertretende Direktoren:
Fritz Backhaus, Michael Lenarz
Konzept: Fritz Backhaus,
Felicitas Heimann-Jelinek, Sabine Kößling
Kuratorische Projektleitung: Sabine Kößling
Recherchen und Texte:
Felicitas Heimann-Jelinek, Katja Janitschek,
Sabine Kößling, Wolfgang Treue
Textredaktion: Viktoria Kaiser
Übersetzungen: Adam Blauhut, Allison Brown,
Karen Margolis, Joe O'Donnell
Pädagogik: Gottfried Kößler
Kinderspur: Sabine Kößling
Presse- und Öffentlichkeitsarbeit:
Daniela Unger
Verwaltung: Dorothea Spillmann
Aufbau:
Manfred Prehl, Viktor Probst, Gerhard Raupach
Restauratoren: Roman Borkowski,
Martina Noehles, Katharina Mackert
Baubetreuung: Michael Lenarz

**Projektmanagement und -steuerung**
MuseumsBausteine Frankfurt GmbH
Projektleitung: Dagmar Stefan;
Mitarbeit: Anette de Felice
FAAG TECHNIK GmbH
Projektsteuerung: Jürgen Rudolf

**Sanierung und Umbau**
dirschl.federle_architekten
(Kristin Dirschl, Rolf Lauterbach)

**Museografie**
SPACE4 Stuttgart | teamstratenwerth Basel
Gestaltungskonzept: Henning Meyer, Christof
Rhein, Fabian Rossel, Christoph Stratenwerth
Raumbildender Ausbau: SPACE4 (Uta Hang,
Henning Meyer, Christof Rhein, Kristina Witt)
Ausstellungsgrafik:
SPACE4 (Fabian Rossel, Katja Unterkofler)
Medienplanung: teamstratenwerth (Roland
Brönnimann, Christoph Stratenwerth)
Mediengestaltung und Media-Guide:
teamstratenwerth (Nicolas Büchi, Knut
Jensen, Hartmut Homolka, Claudia Klausner,
Kate Koyama, Marina Riegger, Rebecca
Szediwy, Christoph Stratenwerth)
Licht:
Mati Lichtgestaltung Zürich (Claude Hidber)

Wir danken für freundliche Unterstützung
und Förderung:
Art Mentor Foundation Lucerne
Evonik Industries AG
Gemeinnützige Hertie Stiftung
Georg und Franziska
Speyer'sche Hochschulstiftung
Gesellschaft der Freunde und Förderer
des Jüdischen Museums e. V.
Hannelore Krempa Stiftung
Stadtwerke Frankfurt am Main Holding GmbH
Stiftung Polytechnische Gesellschaft
Frankfurt am Main